기독교 세계관이 필요해

믿음 첫 단추

1

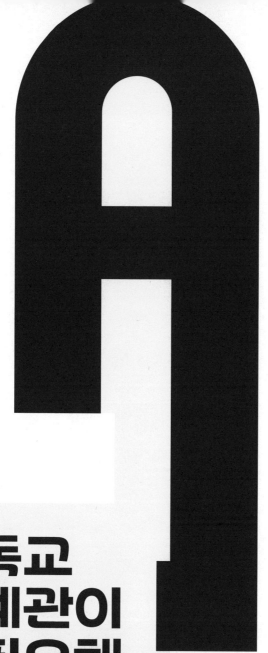

기독교
세계관이
필요해

정석원 지음

차례 ────────────────

진정한 여행이란
새로운 풍경을 바라보는 것이 아니라
새로운 눈을 가지는 데 있다.

소설가 마르셀 프루스트라는 사람이 했던 말입니다. 여러
분은 지금 당장 여행을 떠날 수 있다면 어디로 가고 싶나요?
사람마다 다르겠죠. 어떤 사람은 청량한 파도 소리가 울려 퍼
지는 바닷가를, 어떤 사람은 예쁜 사진을 많이 남길 수 있는 분
위기 있는 곳을, 또 어떤 이는 맛집이 많은 곳을 여행하고 싶을
지 모릅니다. 이 모든 것을 한꺼번에 경험할 수 있는 곳을 원하
는 사람도 있겠네요.

진정한 여행은 변화를 준다

우리가 어떤 곳으로 떠나든 여행은 좋은 것들을 줍니다. 여러 고민들로 인해 쌓인 스트레스를 해소해 주기도 하고, 익숙한 곳을 벗어나 자유를 느끼게도 해줍니다. 멋있는 풍경과 맛있는 음식들은 여행의 낭만을 더해 줍니다. 물론 일정 중에는 힘들고 어려운 일들도 있지만 그것 역시 대부분 아름다운 추억으로 남습니다.

여행의 최고 매력은 크고 작은 변화에 있는 것 같습니다. 매일 정해진 루트로만 다녔던 길에서 더 넓은 길을 보게 되고, 습관처럼 반복했던 일상에서 더 다양한 일상들을 보게 되면서 우리가 보는 시야도 한층 넓어지고 새롭게 되니 말입니다. 그래서 진정한 여행은 단순히 기분 전환이나 재밌는 경험을 하는 데서 그치지 않고, 새로운 눈을 가지게 도와줍니다.

저는 여러분을 또 하나의 여행으로 초대하고 싶습니다. 바로 믿음 여행입니다. 이 여행에 별다른 매력을 느끼지 않는 사람도 있을 겁니다. 누군가에게 믿음은 아주 익숙한 이름이기도 하고, 또 누군가에게는 별 관심이 없는 주제일 수 있기 때문입니다. 아마도 익숙하면 할수록 더 관심이 떨어지기도 하겠네요.

하지만 이렇게 믿음 여행으로 초대하는 이유는 바로 앞서 말한 여행의 매력 때문입니다. 믿음 여행은 우리에게 크고 작은 변화를 가져다줄 것이니까요. 이번 여행은 믿음에 대한 풍경(정보, 지식)만 보는 것이 아니라 믿음을 통해 나와 세상을 보는 눈을 지니도록 도와줄 겁니다. 그래서 진정한 믿음 여행을 아래와 같이 정리해 볼 수 있겠네요.

진정한 믿음 여행이란
믿음에 대한
새로운 눈을 가지는 데 있다.

우리는 하나님의 가능성이다

요즘 사람들 사이에서 믿음이 매력을 잃고 있다는 느낌을 많이 받습니다. 미디어나 SNS에서 기독교가 부정적으로 그려질 때도 많고, 민망한 일들로 뉴스에 교회가 등장할 때가 있으니 말이죠. 저도 그런 장면을 보거나 소식을 들으면 속상해서 잠을 못 이룰 때도 있습니다. 더 마음이 아픈 것은 젊은 세대들이 사회로 나왔을 때 믿음을 지닌 자로서 헤쳐 나가야 할 편견과 선입견을 생각했을 때입니다. 이미 주위에서 비슷한 경험을 하고 있는 사람도 있을 수 있겠네요. 분명한 것은 우리가 하나님의 가능성이라는 점입니다. 하나님은 우리에게 놀라운 계획을 갖고 계시고, 우리를 통해 큰일을 행하실 것이기 때문입니다. 믿음에 대한 분명하고도 새로운 눈을 가질 필요가 있습니다. 그렇지 않으면 희망 가능성은 현실로 이뤄지지 않을 테니까요. 그래서 우리에게 이 믿음 여행이 필요합니다. 제가 이 책을 쓰게 된 이유이기도 하고요.

믿음 안경이 아니라 믿음 눈에 관한 이야기

이 책은 기독교 세계관에 관한 책입니다. 사람들은 생각이나 행동이 특이한 사람을 세계관이 독특하다고 말하곤 합니다. 그 모습이 너무 독특한 사람은 세계관 최강자라고도 부르죠. 이처럼 우리는 다양한 세계관을 가지고 살아갑니다. 이 세계관을 다양한 색깔을 지닌 안경으로 생각하면 되겠네요. 검은 안경은 검정색으로, 노란 안경은 노란색으로 세상을 보게 하듯 자신의 세계관에 따라 세상을 다르게 보게 됩니다. 기독교 세계관은 기독교라는 안경으로 세상을 보게 만듭니다.

하지만 저는 우리가 어떤 안경을 써야 하는가를 말하기 이전에 우리의 시력을 돌아볼 필요가 있다고 생각합니다. 아무리 비싸고 정확한 안경이어도 우리의 눈이 건강하지 않다면 어떤 안경을 쓰는가는 별 의미가 없을 테니까요. 믿음 여행은 우리의 눈을 돌아보는 시간이 될 것입니다.

여행자를 위한 노란 화살표

스페인에는 산티아고라는 유명한 순례길이 있다고 합니다. 전 세계인들이 배낭을 메고 찾아와서 약 800킬로미터에 이르는 거리를 걸으며 여행합니다. 우리나라로 치면 서울에서 부산을 왕복으로 걷는 셈이죠. 대부분의 사람들은 이 긴 거리에서 길을 잃지 않는다고 해요. 여행 방향을 알려 주는 노란 화살표 때문이라는데요. 여행객들은 이 화살표를 찾아서 걷기만 하면 길을 잃지 않게 되는 것이죠.

믿음 여행에도 노란 화살표가 있습니다. 바로 우리의 질문이에요. 질문 속에 답이 있다는 말처럼, 포기하지 않고 '끝까지' 믿음에 관한 질문을 던지면 우리는 적어도 길을 잃지는 않을 테니까요. 각 장마다 그 주제에 맞는 질문을 실었습니다. 이제까지 기독교 세계관을 강의하는 동안 실제로 들었던 질문들로 구성했습니다. 여행하는 여러분에게도 도움이 되기를 바랍니다.

함께 이 믿음의 여행길을 걸어가 주셔서 감사합니다. 이 책도 여러분에게 고마운 동반자가 되어 주었으면 좋겠습니다. 함께 믿음의 길을 걸어가는 아내 보람과 아들 다온, 부모님들께 이 지면을 빌어 감사함을 전합니다.

2023년 8월

정 석 원

우리에게
믿음이
꼭 필요할까?

1

시작

세상에서는 외국 사람이며 나그네임을
고백했습니다. ▶ 히브리서 11:13b

왜 꼭 믿음인가?

우리는 가끔 이런 생각을 할 때가 있습니다. '매일 할 것도 많
은데 꼭 믿음까지 가져야 하나?' 바쁜 일이 있거나 마음에 여
유가 없을 때 "믿음 생활이 중요해"라는 말을 들으면 왠지 강
요당한다는 생각에 부담감이나 반감이 생기기도 합니다. 세상
을 살아갈 때 믿음에 대해서 어떻게 생각해야 할까요? 이 문제

를 두 권의 책 이야기로 열어 보고자 합니다.

첫 번째는 C. S. 루이스가 쓴 《나니아 연대기》라는 소설입니다. 영화로도 만들어져서 익숙한 분들도 있을 겁니다. 네 남매가 옷장 안에 들어가면서 새로운 세계가 펼쳐지는 이야기를 담고 있는데요.

뽀얀 눈이 내려앉은 세상에 첫발을 내디디면서 흥미로운 여행이 됩니다. 동화 같은 색다른 풍경에 입이 떡하니 벌어지기도 하고, 말하는 동물들을 만나서 친구가 되기도 합니다. 나니아 나라의 진정한 왕인 사자 아슬란을 만나기도 하고, 그 백성들을 위협하는 하얀 마녀를 무찌르는 전투에 참여하기도 합니다.

두 번째는 존 번연이 쓴 《천로역정》이라는 소설입니다. 이 역시 애니메이션으로 만들어져서 익숙한 분들도 있을 겁니다. 그러고 보니 수련회 때 접했던 기억이 나는 사람도 있겠네요. 교회 수련회에서 가끔씩 하는 프로그램 이름이 천로역정이기 때문입니다. 코스를 하나씩 밟아 가면서 미션을 수행하는 활동이죠. 이런 프로그램이 존 번연의 《천로역정》이라는 소설을 배경으로 만들어졌습니다.

크리스천이라는 이름을 가진 사람이 멸망의 도시를 떠나 여행을 시작합니다. 고집과 변덕이라는 이름을 가진 사람에게 시달리기도 하고, 선의라는 사람을 만나 도움을 얻기도 합니다. 두 마리의 사자를 만나 위협을 당하기도 하고, 어느 골짜기에서 사탄과 치열한 결투를 벌이기도 하죠. 여러 우여곡절 끝에 죽음의 강을 건너 천국이라는 땅에 이르게 됩니다.

지금까지 소개한 이 여행들은 다름 아닌 믿음 여행이었습니다. 주인공이 걸어갔던 코스들은 믿음의 사람들이 겪을 수 있거나 극복해야 할 스토리를 담고 있기 때문입니다.

우리는 지금 여행중이다

이들 주인공들과 우리가 가지고 있는 공통점이 하나 있습니다. 모두 여행 중이라는 사실입니다. 성경에서는 우리의 정체성에 대해 다음과 같이 말하기 때문입니다.

> 세상에서는 외국 사람이며 나그네임을
> 고백했습니다. ▶ 히브리서 11:13b

이 세상에서는 우리가 외국 사람이자 나그네라고 말합니다. 다른 말로 《나니아 연대기》의 네 남매와 《천로역정》의 한 남자처럼 지금 어디론가 여행 중인 사람들이라는 것이죠. 여행자라는 것은 우리가 인정하든 그렇지 않든 변하지 않는 사실입니다. 사람은 모두 어딘가에서 왔다가 또 어딘가로 가고 있는 중이니까요. 그리고 보니 우리는 여행을 해야 하는 사람들이네요. 태어나 보니 이미 여행이 시작된 셈이니까요. 이 여행이 가르쳐 주는 중요한 정보를 알아볼까요?

1부 우리에게 믿음이 꼭 필요할까?

반드시 끝이 있다

우리가 여행하고 있는 세상은 끝이 있습니다. 이 세상에 영원히 거할 수 있을 것 같지만 그렇지 않습니다. 여행이 끝나는 날에는 이 세상에 미련이 있어도, 추억이 많아도 떠날 수밖에 없습니다. 왜냐하면 끝을 피할 수 없기 때문입니다.

저와 제 아내는 아픈 공통점이 하나 있습니다. 어렸을 때 함께 자란 가족을 먼저 하늘나라로 떠나보냈다는 것입니다. 저는 어린 누나와, 아내는 어린 동생과 급작스럽게 이별을 해야 했습니다. 이처럼 우리의 여행에도 언제인지는 모르지만 끝이 있습니다. 그렇다고 우울해지거나 무기력해질 필요가 없습니다. 끝이 있는 만큼 지금 주어진 여행이 더 소중하고, 지금 함께하는 사람들이 더 귀중하게 느껴지는 것이니까요.

끝을 보라

이 여행에서 가장 중요한 것은 바른 방향입니다. 왜냐하면 끝이 있기 때문입니다. 목적지 없는 단순한 나들이 정도라면 방향은 크게 중요하지 않겠지만, 목적지가 분명히 존재하는 것이라면, 또 우리의 인생이 걸린 한 번밖에 없는 것이라면 방향 또한 분명해야 합니다. 이런 관점에서 사람을 보면 크게 두 부류로 나뉩니다. 어느 방향으로 여행 중인 사람이거나 방향을 잃고 방황하는 사람이거나.

앞서 "매일 할 것도 많은데 꼭 믿음까지 가져야 하나?"라는 질문을 다뤘던 것을 기억하시나요? 단적으로 말하면, "네, 그래서 꼭 믿음을 가져야 합니다"라고 답하고 싶습니다. 우리가 살아가는 세상은 점점 더 빠르게 변해 갑니다. 더 빠른 스마트폰, 더 빠른 패스트푸드, 더 빠른 인터넷 등등 '빨리 빨리'는 우리 시대 최고의 미덕입니다. "빠른 것이 최고다!"라는 구호가 알게 모르게 사람들의 세계관으로 자리를 잡아 갑니다. 그러나 방향을 제대로 잡지 못한 채 빠른 흐름 속에 내달리다 보면 어느새 길을 잃고 표류하고 있는 자신을 발견하게 됩니다.

믿음은 여행을 여행되게 한다

기독교에서 말하는 믿음은 그 어떤 것보다 자신 있게 끝을 말합니다. 우리가 어디에서 왔고, 어디로 갈 것인지를 분명하게 말해 줍니다. 왜냐하면 그 끝에 대한 정확한 방향과 답을 가지고 있기 때문입니다. 목적지가 분명할 때 이 세상의 삶을 가장 풍성하게 가꿔 갈 수 있습니다. 믿음은 우리의 여행을 여행 되게 하고 더 의미 있게 만들어 줍니다. C. S. 루이스가 그의 책 《순전한 기독교》에서 했던 말처럼 말입니다.

천국으로 방향을 두면 세상을 덤으로 얻을 것입니다. 그러나
세상으로 방향을 두면 둘 다 잃을 것입니다.

"하나님께는 손자가 없다"는 말을 들어 본 적이 있나요? 부모님이 하나님을 잘 믿는다고 해서 그 자녀들까지 자동적으로 믿음을 가지게 되는 것은 아니라는 뜻을 지니고 있어요. 물론 상대적으로 믿을 수 있는 가능성은 높지만 그것이 결정적인 이유가 되지는 않습니다.

부모님에게 믿음이 있어도 나에게는 믿음이 없을 수도 있어요. 반대로 부모님이 믿지 않아도, 심지어 다른 종교여도 나에게는 하나님에 대한 믿음이 있을 수도 있습니다. 중요한 것은 '나의 믿음'에 있어서 어떤 부모님 배경에 있는가가 아니라, 어떤 고백을 하는가입니다. 다른 분의 하나님이기 이전에 나의 하나님으로 고백하는 것이죠.

태어나 보니 부모님이 기독교인인 것은 감사해야 할 일입니다. 믿음의 좋은 유산(자세, 문화)을 물려받을 수 있기 때문입니다. 반대로 태어나 보니 부모님이 기독교인이 아닌 것도 감사해야 합니다. 내가 가정에 믿음의 좋은 유산을 물려주는 사람이기 때문입니다.

**한 믿음 여행자의
노란 화살표**

01 가장 기억에 남는 여행은 언제인가요?

02 성경은 우리를 여행자라고 말합니다. 동시에 영혼을 병들게 하는 육체의 정욕을 멀리하라고 말합니다. 믿음 여행자에게 있어서 육체의 정욕은 어떤 악영향을 줄까요?

> 영혼을 대적해 싸우는 육체의 정욕을 멀리할 것을 권면합니다. ─ 베드로전서 2:11b

03 만일 오늘 저녁, 여행이 끝(죽음)이 난다면 믿음에 있어서 가장 후회되는 일은 무엇인가요?

함께 걷기

주는 그리스도이시며 살아 계신 하나님의
아들이십니다. ▶ 마태복음 16:16b

당신은 모든 것을 잃었습니다

이스라엘로 성지순례를 떠났을 때의 일입니다. 여러 나라들이
옹기종기 모여 있는 성지순례지 특성상 자주 국경을 넘나들어
야 합니다. 요르단이라는 나라에서 이스라엘로 넘어가는 국경
입구에 도착했습니다. 이제 몇 발자국만 걸어서 하나의 담만
통과하면 이스라엘로 들어갈 수 있습니다. 그때 가이드가 소

리 높여 외쳤습니다.

여러분, 여권 잘 챙기셨죠? 다른 건 몰라도 여권은 절대
잃어버리면 안 됩니다!

이 말에 여행객들은 분주하게 여권을 확인하기 시작했습
니다. 다들 호주머니와 가방을 뒤져 가며 주섬주섬 여권을 꺼
내기 시작하는데, 저는 아무리 찾아봐도 여권을 찾을 수 없었
습니다. 결국에는 가방을 거꾸로 들고 맨바닥에 소지품을 다
쏟았는데도 보이지 않았습니다.

"설마 여권을 잃어버리신 거예요?" 어느새 곁으로 다가
온 가이드가 눈을 동그랗게 뜨며 깜짝 놀란 듯이 물었습니다.
한숨을 푹 내쉬며 고개를 끄덕이자, 가이드는 정지화면처럼
그 자리에 멍하니 서 있었습니다. "무조건 찾아야 합니다." 이
내 정신을 차린 가이드는 말했습니다. "만약 찾지 못하면 여행
의 모든 일정이 꼬이게 된다"는 말을 덧붙였습니다. 우여곡절
끝에 찾게 되었습니다. 도착 전까지 이용한 버스 좌석 아래서
찾은 것입니다. 여권을 처음 발견해서 찾아 준 한 외국인이 호
탕하게 웃으며 말했습니다.

You've lost everything!(당신은 모든 것을 잃었어요!)

민망한 순간이었지만, 여행에 대해 중요한 사실을 되새기

1부 우리에게 믿음이 꼭 필요할까?

게 한 계기였습니다. 여권은 여행객에게 '모든 것'이라는 사실
입니다. 그래서 분실했을 때는 꼭 되찾아야 합니다.

우리의 여권, 예수 그리스도

여권은 우리가 어디에 소속되어 있는지를 알려 줍니다. [대한
민국 여권]을 지니고 있다면 대한민국 소속임을 알려 줍니다.
여권이 없는 사람은 소속이 불분명한 이가 됩니다. 제대로 된
여행이 불가능하죠.

우리 소속은 바로 예수 그리스도입니다. '그리스도인'이
라는 말 자체가 '예수 그리스도께 속한 사람'이라는 뜻을 지니
고 있기 때문입니다. 그렇다면 우리의 소속이 예수 그리스도
라는 것은 무슨 뜻일까요?

나의 주인은 [예수 그리스도]이다

"내 인생의 주인은 예수 그리스도입니다"라는 뜻을 지닙니다.
'예수 그리스도'는 무슨 뜻일까요? '예수'가 성이고 '그리스도'
가 이름일까요? 아주 단순하게 '예수 나의 주인'이라는 의미로
받아들이면 됩니다. 이것은 우리의 여권과도 같습니다. 꼭 품
에 지니고 있어야 합니다.

이 세상 속에서 여전히 예수님은 당신의 주인이신가요?

가이사랴 빌립보, 이 도시는 로마 황제의 이름을 본따서 만든 곳입니다. 황제의 도시답게 아름다운 자연과 웅장한 분위기를 자랑하는 곳이었죠. 이 도시의 중심부에는 로마 황제가 새겨진 석상이 있었습니다. 보기만 해도 입이 딱 벌어질 정도로 압도적인 크기를 자랑하는 비주얼이었습니다. 이 조각상 앞에 모여든 사람들은 하나같이 진지하게 기도했습니다.

나의 주인이신 황제이시여, 축복을 내려 주소서.

사람들은 신을 숭배하는 마음으로 복을 빌었습니다. 여기에서 핵심은 황제를 주인이라고 불렀다는 점입니다. 당시 사람들에게 황제만이 진정한 주인이었습니다. 이 도시를 예수님과 제자들이 여행하고 있습니다. 이곳을 배경으로 예수님은 제자들에게 물으셨습니다.

너희는 나를 누구라 하느냐? ▶ 마태복음 16:15, 개역개정

왜 예수님은 이 배경에서 질문을 던지신 것일까요? 황제를 주인으로 모시고 뒤꽁무니만 쫓아 사는 세상에서 "너희들에게는 내가 진정한 주인인가?"라는 의도가 담겨 있습니다.

그 질문에 베드로는 황제가 아닌 예수님만이 주인이라는 의미를 담아 대답합니다.

주는 그리스도이시며 살아 계신 하나님의
아들이십니다. ▶ 마태복음 16:16

우리가 살아가는 세상은 예수님이 제자들에게 질문하신 배경과 크게 다르지 않습니다. 다만 '황제'라는 주인이 '나'라는 주인으로 바뀐 것만 다릅니다. '네가 네 자신의 주인이다' 이 말은 우리가 몸담고 살아가는 세상의 교리와도 같습니다.

한 여학생이 있었습니다. 공부도 잘하고 성실한 아이였습니다. 하지만 늘 자신의 외모가 마음에 들지 않았습니다. 작은 눈, 작은 키, 적게 먹어도 많이 살찌는 가성비 높은 체질(?) 등 늘 외모에 대한 콤플렉스를 지니고 있었습니다. 누군가 자신의 외모에 대해 말하는 소리를 들으면 당시에는 표정 관리를 잘했지만 집에 가서는 이불을 뒤집어쓰고 울곤 했습니다. 루저가 된 것 같은 생각 때문이었습니다. 때로는 잘못된 생각까지 들곤 했습니다. 한 예배 설교 시간에, "예수님이 우리의 주인이시다"라는 메시지를 듣고 펑펑 울었습니다. 이제까지 예수님을 믿는다고 했지만 예수님이 아닌 자신을 주인으로 섬겼다는 사실을 발견하게 된 것입니다. 그 후로 이 학생은 진정한 믿음 여행을 시작했습니다. 예수님이라는 여권을 다시 찾게 되었기 때문입니다.

무엇이 없을 때, 무엇을 잃었을 때 화가 나고 절망하시나요? 아마도 그것이 나의 주인일 가능성이 높습니다. 어떤 것이 없을 때 살 의지마저 잃는다면 이제까지 그것을 믿고 따랐다는 증거이기 때문입니다. 믿음 여행에서 절대 잃지 말아야 할 여권은 나의 주인은 [예수 그리스도]입니다. 잃었더라도 반드시 찾아야 할 여권도 나의 주인은 [예수 그리스도]입니다. 이 사실이 꼭 지켜야 할 믿음 여행의 기본이자 핵심입니다.

예수님이 우리의 주인이시라고 해서 영화나 드라마에서 볼 수 있는 노예처럼 아무 의지도 가지면 안 된다는 뜻은 아닙니다. 그 의미를 크게 두 가지로 볼 수 있습니다.

1. 내 것이 아닙니다

생명, 시간, 재물 등등 모든 것이 내 것이 아닙니다. 개인 물건과 재산은 소유할 수 있지만 잠깐 지니고 있는 것일 뿐 영원히 우리의 것은 없습니다. 다윗의 고백처럼 "우리에게 있는 모든 것은 주님께로부터 왔습니다"(역대상 29:14). 예배 시간에 헌금을 드리는 것도 우리의 것을 드리는 것이 아닌, 주님께 받은 것의 일부분을 되돌려 드리는 것입니다. 물론 땀 흘려 수고한 결실이지만 애초에 생명을 주시지 않았다면 불가능한 결실이기도 하기 때문입니다.

2. 내 마음대로 되지 않아도 좋습니다

나와 타인을 내 마음대로 할 수 없습니다. 나의 생명에 대한 소유권은 주님께 있습니다. 자신을 괴롭히고 해할 수 있는 권리는 전혀 없습니다. 타인의 생명 또한 고통을 안기거나 해할 수 있는 권리가 전혀 없습니다. 비록 내가 상대보다 나이가 많고 힘이 강하더라도 말입니다. 내 마음대로 사람이나 상황이 움직여 주어야 직성이 풀린다면 이렇게 고백해야 합니다. "나는 주인이 아닙니다. 주님의 뜻이 이루어지기를 원합니다."

한 믿음 여행자의
노란 화살표

01 소중한 것을 잃었다가 되찾아 본 경험이 있나요? 그때의 심정은 어땠나요?

02 성경은 예수 그리스도께서 우리의 주인 되신다고 말합니다. 혹시 주위에 예수님을 주인으로 모시고 사는 것 같은 사람이 있나요? 나와 어떤 점이 다른가요?

> 우리는 우리 자신을 전파하는 것이 아니라 그리스도 예수께서 주 되신 것과 예수 때문에 우리가 여러분의 종 된 것을 전파합니다. ─ 고린도후서 4:5

03 나는 무엇이 부족하거나 어떤 것을 상실했을 때 절망감을 느끼나요?

함께 걷기

3

성경

— 고장 난 나침반과 정확한 나침반

주의 말씀은 내 발의 등불이요, 내 길의 빛입니다.

▶ 시편 119:105

방향을 잃은 한 사람

깊은 산골에 폭설이 내리는 밤이었습니다. 작은 집을 짓고 살고 있었던 가족이 있었습니다. 깊은 산속에 며칠간 눈이 내리자 전기와 통신망이 끊겼습니다. 전화기도 먹통이었죠. 불행하게도 식량까지 바닥났습니다. 가장은 누군가의 도움을 구하기 위해서 집을 나섰습니다. 다른 사람의 집으로 가면 도움을 얻을 수 있다고 생각했기 때문입니다. 자신이 옳다고 생각하는 위치를 향해 계속해서 걸었습니다. 눈바람을 뚫고 최선을 다해 전진했습니다. 한참을 걸어도 집은 나타나지 않았고, 결국 쓰러지고 말았습니다. 며칠 후에 그는 생명을 잃은 채로 발견되었습니다. 너무나 안타까운 사실은 그 사람이 처음부터 반대 방향으로만 갔더라도 얼마 못 가 다른 집을 찾을 수 있었다는 것입니다.

이 사람의 이야기를 들으니 어떤가요? 안타까운 마음이 느껴지지 않나요? 그러나 기독교 여행을 하는 우리와도 크게 다를 것이 없습니다. 성경이 사람에 대해 다음과 같이 설명하고 있기 때문입니다.

> 기록되기를 의인은 없으니 하나도 없고 깨닫는 자도
> 없고 하나님을 찾는 자도 없다. 모두 곁길로 행해
> 다 쓸모없게 됐다. 선을 행하는 자가 없으니 하나도
> 없다. ▶ 로마서 3:10-12

고장 난 나침반

사람은 믿음 여행에 있어서 길을 잃었다고 말합니다. 내 생각으로는 바른 방향으로 가고 있다고 생각하지만 틀린 방향일 수 있습니다. 다른 말로 하면 사람들은 고장 난 나침반을 지니고 있습니다. 안타까운 일은 많은 이들이 잘못된 나침반을 가

지고 열심히 걸어가기만 한다는 점입니다. 대표적으로 사람들의 고장 난 나침반은 '감정'입니다. 감정이 무조건 나쁜 것은 아니죠. 허나 감정이 믿음보다 앞서면 틀림없이 방향을 잃게 됩니다. 다음은 한 십대가 고백한 하루 동안의 감정 변화입니다.

UP
등교하는데
마주친 친구가
"오늘 피부
괜찮은데?!"라고
말한다.
난 괜찮은
녀석인걸.

UP
급식을
기다리는데
짝사랑하는
이성친구가
먼저 인사했다.
나도 괜찮은
사람인걸.

UP
생각해 보니
늘 엎드려 자는
쟤보다는
내가 키가
더 크다.
난 괜찮은
녀석인걸.

DOWN
아침에 엄마가
내 방을 보더니
"돼지우리가
따로 없네"라고
말한다.
난 동물인
걸까.

DOWN
쉬는 시간에
옆 친구가
"너 요즘 살쪘어?
교복이 터지려고
해"라고 말한다.
난 돼지가
된 걸까.

DOWN
성적표가
나왔는데
늘 뒤에서
엎드려 자는
친구보다
성적이 낮다.
난 동물인 걸까.

한 사람이 하루 동안 얼마든지 겪을 수 있는 감정의 변화입니다. 우리의 감정은 상황에 따라 시시각각 바뀝니다. 나를 인정해 주는 한마디 말에 위너처럼 느끼기도 하고, 좋지 않은 반응에 루저처럼 느끼기도 합니다.

우리는 믿음에 있어서도 감정이 이끄는 대로 따라가기 쉽습니다. 감정 상태나 기분이 좋으면 하나님이 가까이 계시는 것 같고, 우울하거나 낙담이 되면 하나님은 멀리 계시는 것 같습니다. 나의 감정에 따라 하나님은 나를 사랑하시기도 하고, 나를 미워하시기도 하는 분으로 여기기도 합니다. 이렇게 길을 잃는 이유는 고장 난 나침반을 따랐기 때문입니다.

성경은 타로카드?!

믿음 여행의 정확한 나침반은 성경입니다. 그렇다고 성경을 펼치기만 하면 방향을 알 수 있을까요? 자신이 뭘 해야 할지 궁금했던 사람이 있었습니다. 성경을 펼쳐서 가장 먼저 눈에 보이는 구절대로 하기로 결심했습니다. 성경을 탁 하고 펼쳤더니 한 문장이 보였습니다.

> 사십 일을 밤낮으로 금식하신 후에 주리신지라
> ▶ 마태복음 4:2, 개역개정

상상도 못할 시간만큼 굶으라는 뜻으로 받아들인 이 사람은 깜짝 놀라 얼른 성경을 덮고 다시 펼쳤습니다. 한 구절이 보였습니다.

> 너도 이와 같이 하라 ▶ 누가복음 10:37, 개역개정

"이건 우연일 거야" 읊조리며 다시 덮고 펼쳤더니 다음

구절이 보였습니다.

> 네가 하는 일을 속히 하라 ▸ 요한복음 13:27, 개역개정

지어낸 이야기지만 성경을 이렇게 대하기도 합니다. 이것은 성경을 나침반이라기보다는 점을 치는 타로카드로 대하는 것이죠.

정확한 나침반

성경 전체가 방향을 알리는 하나의 나침반입니다. 성경의 일부분이 아니라 전체를 공부해야 합니다. 잠시 잠깐 필요할 때만 펼치는 것이 아니라 꾸준하게 펼쳐서 읽어야 합니다. 그럴 때 성경이 말하는 방향을 정확하게 알아 갈 수 있습니다.

나침반과 관련해서 두 성경 인물을 소개하고 싶습니다. 사울과 다윗이라는 사람입니다. 두 사람 모두 이스라엘 왕이었죠. 화끈한 성격과 결점이 많은 점까지 닮은 구석이 많았습니다. 그런데 두 사람의 결말은 완전히 달랐습니다. 사울은 길을 잃어 비참한 최후를 맞이했고, 다윗은 크고 작은 문제들로 인해 길을 잃을 뻔했지만 다시 바른 방향으로 돌아왔습니다.

두 사람의 결정적인 차이점은 방향에 있었습니다. 사울은 문제를 마주했을 때 하나님의 말씀보다는 자신의 느낌을 더 신뢰했습니다. 좋은 기회를 만났을 때 하나님 말씀을 가벼이

여기고 욕심대로 행했습니다. 길을 잃었을 때 말씀보다 사람들의 말을 따랐습니다. 어쩌면 그의 나침반은 자신의 감정이었을 듯합니다. 반대로 다윗은 문제를 마주했을 때 자신의 느낌보다는 하나님의 말씀을 더 신뢰했습니다. 좋은 기회를 만났을 때 욕심보다는 하나님의 말씀으로 행했고, 실수로 인해 길을 잃었을 때는 다시 하나님 말씀으로 돌아왔습니다. 그의 나침반은 하나님 말씀, 바로 성경이었던 셈입니다.

우리의 믿음 여행에서는 눈에 보이는 환경이 끊임없이 방향을 방해합니다. 사람들의 말, 인정받으려는 마음, 더 가지려는 욕심 등등이 감정을 업고 길을 잃게 만듭니다. 괜찮습니다. 길을 잃어도 다시 하나님 말씀으로 돌아오면 되니까요. 믿음 여행을 하는 내내 우리 함께 다음과 같이 고백해 볼까요?

주의 말씀은 내 발의 등불이요, 내 길의 빛입니다.

▶ 시편 119:105

성경 내용이 이해되지 않는 것은 어쩌면 너무나 당연한 일인지도 모릅니
다. 꽤나 오래전에 쓰여졌고(수천 년 전), 다른 나라 문화를 배경으로 기록
된 책이기 때문입니다. 우리가 교과서에서 보는 삼국사기-삼국유사-조선
왕조실록보다 훨씬 오래된 역사를 가지고 있으니 어렵지 않으면 도리어
이상하겠죠.

처음부터 성경을 이해하기 어렵다면, 성경 전체를 공부해 보세요.
성경은 전체적으로 어떻게 구성되어 있는지, 무슨 말을 하고자 하는지를
알면 큰 도움이 됩니다. 또 다른 방법은 신약성경의 4복음서(마태-마가-
누가-요한복음)를 먼저 읽는 겁니다. 4복음서는 성경의 핵심 본부와도 같
아요. '핵심을 공략하라'는 말이 있는 것처럼, 예수님의 말씀과 삶이 담긴
4복음서를 알면 성경을 이해하는 데 큰 도움이 됩니다. 꿀팁으로는 시편
도 꾸준히 읽어 보세요. 공감되는 내용이 많아서 성경이 더 가깝게 느껴
질 겁니다.

**한 믿음 여행자의
노란 화살표**

01 우리가 고장 난 나침반(혹은 잘못된 지도)으로 낯선 곳을 여행한다면 어떤 일이 벌어질까요?

02 성경은 하나님 말씀을 따라가는 길이 인생을 지키는 길이라고 말씀합니다. 참된 나침반인 성경을 매순간 따라간다면 우리의 10년 뒤는 어떤 모습일까요?

> 젊은이가 어떻게 해야 그 인생을 깨끗하게 살 수 있겠습니까? 주님의 말씀을 지키는 길, 그 길뿐입니다.
> — 시편 119:9, 새번역

03 다윗은 자신의 감정이 아니라 하나님 말씀을 따랐습니다. 심지어 자신의 실수로 길을 잃었을 때도 결국 하나님 말씀으로 돌아왔습니다. 지금 내가 다윗에게 배워야 할 점은 무엇인가요?

함께 걷기

혼자 싸우면 지지만, 둘이 힘을 합하면 적에게 맞설
수 있다. 세 겹 줄은 쉽게 끊어지지 않는다.

▶ 전도서 4:12, 새번역

잊히지 않는 여행

혹시 '여행' 하면 떠오르는 장면이 있나요? 저는 중학교 수학
여행 때의 일이 떠오릅니다. 난생처음 제주도로 가는 여행이
었는데요. 당시 일정표에는 매우 독특한 시간이 있었습니다.
1박 2일 동안 야외에서 캠핑을 하는 프로그램이었죠. 분위기

좋은 캠핑장에서 저녁 식사를 만들어 먹고 조별로 준비한 아늑한 텐트에서 취침하는 시간이었습니다. 이런 기획이 사전에 공지되자 저와 친구들은 색다른 경험을 할 수 있다는 생각으로 들떠 있었습니다.

여행을 떠나기 전에 조별로 모여서 캠핑 공동 준비물을 분담했습니다. 제비뽑기로 누구는 냄비와 프라이팬, 누구는 도마와 칼, 누구는 텐트를 준비해야 했습니다. 여행지에 도착해서 조별로 모여 텐트를 조립하기 시작했습니다. 다 완성해서 보니 두 눈을 의심해야만 했습니다. 텐트 천장에 주먹만 한 구멍이 뚫려 있었던 겁니다. 겨우 다른 천으로 덮어서 해결했지만 진짜 문제는 그날 밤부터 시작이었습니다. 모두가 잠든 시간에 폭우가 쏟아지기 시작했습니다. 다른 텐트들은 그럭저럭 버틸 만했지만 우리 텐트는 금방 물바다가 됐습니다. 임시방편으로 덮어 놓은 작은 천이 역할을 못했던 겁니다. 그날 밤 조원들은 뜬눈으로 버텨야 했습니다. 계속해서 물을 퍼내야 했기 때문입니다. 다행히 새벽녘에는 폭우가 그쳤지만 이미 쌀과 반찬, 여러 물건들을 쓸 수 없게 된 뒤였습니다. 다음 날 저녁 정식 숙소로 옮기기까지 꼬박 하루를 살아남아야 했습니다. 우리 조에 분명 큰 문제가 들이닥쳤지만, 그리 큰 문제가 아니었습니다. 친구들이 뿔뿔이 흩어져서 다른 조에게 식량과 물품들을 얻어 왔기 때문입니다. 도리어 우리가 처음 준비한 것보다 더 풍성해졌습니다. 서로를 위하고 챙겨 주는 마음으로 인해 더 큰 위로와 힘을 얻게 되었습니다. 물론 지금까지 생생하게 남은 추억은 덤입니다.

진정한 히어로

지금까지 나눈 여행 이야기는 '함께'한 이야기입니다. 예상치 못한 큰 문제에도 친구들과 함께였기에 별 문제가 되지 않았습니다. 아마도 혼자였다면 그날의 문제들은 더 큰 문제로 다가왔을 겁니다.

히어로가 등장하는 영화를 보면 각자 캐릭터가 확실하고 초능력 또한 남부럽지 않습니다. 스파이더맨은 손에서 나가는 거미줄로 건물 사이를 새처럼 날아다니고, 아이언맨은 첨단 슈트로 악당들을 압도합니다. 토르는 망치, 캡틴 아메리카는 방패의 능력을 자랑합니다. 각자의 능력으로만 보면 한 사람의 힘으로도 악당을 물리치고 지구를 지켜 내기에 충분한 것 같습니다. 하지만 최강 빌런인 타노스를 만났을 때는 각자의 힘으로는 역부족입니다. 히어로답지 않게 악당에게 별다른 타격을 주지 못합니다. 악당의 공격에 초라하게 쓰러지기도 합니다. 하지만 히어로들이 진정한 힘을 발휘할 때는 '함께'할 때입니다. 다 같이 모이는 장면을 비출 때는 분위기가 좋아집니다. 한 화면에 꽉 찰 만큼 여러 히어로들이 모여서 서로의 얼굴을 보며 미소를 지으며 하이파이브를 합니다. 가슴마저 웅장하게 만드는 음악과 함께 다 같이 달려 나갑니다. 이들은 빌런과 맞서 싸우고 결국은 승리합니다. 이런 영화가 전하고 싶은 메시지는 분명할 겁니다.

진정한 히어로는 혼자가 아니라 함께일 때 더 강하다!

'함께'이기에 가능한 믿음 여행

우리의 믿음 여행에도 똑같이 적용할 수 있습니다. "진정한 믿음 여행은 혼자가 아니라 함께일 때 더 강하다!" 우리 각자의 믿음이 아무리 굳세고 강하더라도 함께하는 힘보다 강할 수 없습니다. 이와 관련해 성경에서 하시는 말씀을 읽어 볼까요?

> 혼자 싸우면 지지만, 둘이 힘을 합하면 적에게 맞설
> 수 있다. 세 겹 줄은 쉽게 끊어지지 않는다.
>
> ▶ 전도서 4:12, 새번역

약 2천 년 전, 로마에서 믿음 여행을 하는 사람들은 네로 황제라는 최강 빌런을 만났습니다. 네로는 그리스도인들을 끔찍이 싫어했습니다. 왜냐하면 이들은 황제를 주인으로 숭배하기보다는 오직 예수 그리스도만을 주인으로 모셨기 때문입니다. 네로는 예수님을 따르는 사람들을 십자가에 못 박기도 하고, 나무 기둥에 매달아 불을 붙여서 사람 가로등으로 쓰기도 했습니다. 그리스도인들이 고통 속에서 죽어 가는 동안 옆에서는 서커스 쇼를 열기도 했다죠. 이런 네로의 광기는 그리스도

인들을 지구상에서 없애고자 하는 갈망이었을지도 모릅니다.

헨리크 시엔키에비치라는 소설가는 당시의 상황을 재구성해 《쿠오바디스》라는 소설로 남겼죠(이 작품은 노벨문학상을 받았습니다). 이 책에서는 콜로세움이라는 경기장에서 그리스도인들이 얼마나 비참하게 희생되었는지를 적나라하게 묘사해 주고 있습니다. 로마 시민들의 광기도 네로 황제 못지않음을 느낄 수 있습니다. 원형 경기장에 가득 모인 흥분한 시민들은 한가운데로 끌려온 그리스도인들을 향해서 외칩니다. "저들을 없애라!" 이들의 외침이 메아리치는 운동장에서 그리스도인들이 맹수에 의해 희생당합니다. 이 순간에 관중석에 있는 이들은 그리스도인들을 완전히 사라지게 할 수 있다고 믿었을 겁니다. 권력 1인자인 로마 황제와 강력한 로마 시민들에 비해 그리스도인들은 체급 자체가 달랐기 때문입니다. 하지만 믿는 이들이 사라지기는커녕 더욱 늘어 갔습니다. 이들은 부르신 자리에서 예수 그리스도가 진정한 주인이심을 삶을 통해 드러냈습니다.

교회? 함께 믿음 여행하는 사람들!

성경에서는 바로 이들을 교회라고 부릅니다. 어떤 상황에서도 예수 그리스도를 주인으로 모시며 따르는 이들이 교회이기 때문입니다. 지금도 로마에는 믿음 여행을 했던 이들의 흔적이 남아 있습니다. 지하 무덤에 위치한 카타콤 교회입니다. 그리스도인들은 핍박을 피해서 지하에 땅을 파서 만든 공동묘지로 모였습니다. 그곳에서 그들은 교회를 이루었습니다. 어둡고 답답한 공간에서 이들은 함께 예배하고 서로 섬겼습니다. 이 흔적들은 "진정한 믿음 여행은 혼자가 아니라 함께일 때 더 강하다!"는 말을 실감나게 합니다.

한 속담에 "빨리 가려거든 혼자 가고, 멀리 가려거든 함께 가라"라는 말이 있습니다. 하나님은 우리가 긴 믿음 여행에 있어 주인 되신 예수님을 잊지 않고, 방향을 잃거나 포기하지 않도록 하는 동반자를 주셨습니다. 그것이 바로 교회입니다. 혼자 여행할 건 아니죠?

우선 불편한 이유부터 궁금해지네요. 왜냐하면 보통은 단순히 교회가 마음에 들지 않는다거나 싫어하는 사람이 있어서 불편한 경우가 많거든요. 이런 이유로 교회를 옮긴다면, 우리는 아마도 평생 교회를 옮겨 다녀야 할지도 모릅니다. 완벽하게 내 마음에 쏙 드는 사람들만 있는 교회가 존재하면 좋겠지만 현실에서 찾아보기 어렵습니다.

만일 내가 있는 곳이 예수님을 주인으로 모시려는 의지가 전혀 없거나 성경이 아닌 다른 방향을 가리키는 데서 오는 불편함이라면 옮기는 쪽도 심각하게 고민할 필요가 있는 것 같아요. 이단 교회라면 고민할 필요도 없겠죠.

교회는 또 다른 가족입니다. 한 분 예수님을 주인으로 부르는 가족이죠. 때로는 가족이 마음에 들지 않을 수 있고, 상처를 주고받을 때도 있습니다. 그럴 때마다 우리는 예수님으로 맺어진 가족임을 잊지 말아야 합니다. 예수님의 마음으로 상대방을 나보다 더 낮게 여기고 섬길 때 진정한 가족으로 성장할 수 있기 때문입니다.

한 믿음 여행자의
노란 화살표

01 어렵거나 힘든 일을 만났을 때 누군가와 '함께' 극복했던 스토리가 있나요?

02 성경은 우리를 함께 세워 가는 성전(교회)이라고 말합니다. 나는 교회에서 어떤 좋은 영향을 받고 싶나요? 그리고 교회에서 어떤 좋은 영향을 끼치고 싶나요?

> 여러분도 성령 안에서 하나님께서 거하실 처소가 되기 위해 그리스도 안에서 함께 세워져 가고 있습니다.
> — 에베소서 2:22

03 우리가 믿음 여행을 하면서 교회라는 동반자가 있는 것과 없는 것은 어떤 차이를 가져올까요?

함께 걷기

하나님의
창조를
믿을 수 있을까?

5

창조와 예배

— 입이 다물어지지 않는 놀라운 세계

주님이 어떤 분이시라는 것을, 지금까지는 제가
귀로만 들었습니다. 그러나 이제는 제가 제 눈으로
주님을 뵙습니다. ▶ 욥기 42:5, 새번역

밤하늘에 놀라다

여행 중에 밤하늘을 올려다본 적이 있나요? 밤하늘 하면 생각
나는 에피소드가 있습니다. 제자들과 함께 강원도로 여행을
갔을 때의 일입니다. 종일 시내에서 시간을 보내다가 캄캄한
저녁이 되어서야 숙소에 도착했는데요. 우리가 묵었던 숙소는

아주 외진 산골에 있었습니다. 주차장과 숙소와의 거리도 멀어서 배낭을 메고 한참이나 걸어 올라가야 했습니다. 게다가 전날에 내린 눈이 아직 녹지 않은 탓에 걷기도 쉽지 않았습니다. 다들 낑낑대면서 발걸음을 떼고 있는데 한 녀석이 큰 소리로 외쳤습니다. "와~ 대박 하늘!" 그 말에 반사적으로 고개를 치켜든 사람들이 탄성을 지르기 시작했습니다. "이야~ 예술이다!" 그날 다 같이 올려다보았던 밤하늘에는 별들이 모래알을 흩뿌려 놓은 것처럼 빽빽하고 생생하게 빛나고 있습니다. 그때 사람들은 약속이나 한 듯이 눈밭에 그대로 누웠습니다. 한참이나 밤하늘을 보고 있는데 또 한 녀석이 손가락으로 어딘가를 가리키면서 말했습니다.

저기 엄청 반짝거리는 별 보여? 저 별이 북극성이라는 건데, 1,100광년이래. 그러니까 지금 우리가 보고 있는 빛은 1,100년 전에 저 별을 출발했다는 거지.

만약 여러분이 그 자리에서 이 말을 듣는다면 어떻게 반응했을 것 같나요? 예상되는 반응처럼, 다들 이 친구를 놀리는 반응이었습니다. "잘난 척한다", "유식한 척한다"는 말과 함께 말이죠. 당시에는 가볍게 웃으며 넘겼지만 생각해 보면 꽤나 의미 있는 말이었습니다. 하나의 별빛이 우리에게 오는 시간(1,100년)에 비하면, 우리는 너무나 작고 유한한 존재이지 않나요?

민가 이상한 세상

생텍쥐페리가 쓴 동화 《어린 왕자》를 보면 어린 왕자가 여러 별들을 여행하는 장면이 나오죠. 각각의 별들을 여행하면서 어른들을 만나게 됩니다. 다른 사람을 통제하려고만 하는 사람, 남에게 인정받으려고만 하는 사람, 쾌락만 추구하는 사람, 모든 것을 돈으로만 생각하는 사람 등등 하나같이 자신만의 세계에 갇혀서 살아가고 있습니다. 어린 왕자는 이들을 만나고 난 후에 마음속으로 생각합니다. "어른들은 정말 이상해."

우리 주위를 둘러보면 정말 이상하지 않나요? 많은 사람들은 이 세상이 전부라고 생각합니다. 서로의 외모와 스펙, SNS 팔로워, 가진 것을 계산합니다. 끊임없이 상대방과 비교하면서 스스로를 위너로 세우기도 하고, 루저로 끌어내리기도 합니다. 다른 이들보다 뒤처지거나 인정을 받지 못한다고 느끼면 스스로를 "나는 쓸모없는 인간이야"라며 비하하기도 합니다. 어떤 이들은 자신의 탐욕을 위해서 물불을 가리지 않고 불나방처럼 달려들기도 합니다. 인간관계에 집착하기도 하고, 서로 편을 가르고 작은 꼬투리라도 잡아 비방하는 데 열을 올리기도 합니다. 이 모든 것들은 별빛의 시간(1,100년)에 비하면 도토리 키 재기나 하루살이의 발버둥에 불과합니다. 왜 사람들은 스스로를 이상하게 생각하지 않을까요? 너무 익숙해져 버린 것은 아닐까요?

하늘을 더 자세히 올려다보면 우리네 삶이 우물 안 개구

리였다는 사실을 알게 됩니다. 우리가 두 발 딛고 살아가는 지구는 '우리 은하'라는 별의 집단에 속해 있습니다. 우리 은하에는 태양과 같은 별이 1천억 개가 넘습니다. 많게는 5천억 개에서 6천억 개로 추정하기도 하죠. 우주에는 우리 은하와 다른 은하가 2천억 개 정도가 있습니다. 그 각각의 은하 속에는 별이 수천 개가 존재하는 셈이죠. 우리에게 명칭이 익숙한 '안드로메다 은하'에는 1조 개가 넘는 별이 있는 것으로 추정하기도 합니다. 이런 우주 안에서 지구의 존재는 아주 작습니다. 제주도에 있는 모든 해수욕장이 우주라면 지구는 그 안에 있는 모래알 하나에 불과할 정도입니다. 그래서 한 무신론자는 하나님이 있다면 이 수많은 별들 중에서 지구라는 행성에만 사람을 창조할 리 없다며 불신감을 드러내기도 했습니다.

욥을 만나주시는 하나님

성경에는 신앙적으로 철저한 사람들이 많이 등장합니다. 그중에 대표적인 사람이 욥입니다. 자신뿐만 아니라 자녀들의 혹시 모를 죄를 위해서도 예배(제사)를 드렸을 정도였으니까요. 하지만 연속적인 고난으로 인해 마음이 흔들립니다. 당시 그의 마인드맵을 들여다본다면 다음의 단어들로 채워 있었을 겁니다.

슬픔 억울함 분노 절망 의심 섭섭함 짜증

이 마음들은 결국 "자신은 옳고 (고난을 막아 주지 않은) 하나님은 틀렸다"는 논리로 이어졌습니다. 욥은 "나는 잘못한 것이 전혀 없는데 왜 이렇게 대우합니까?"라는 마음으로 하나님을 대합니다. 그때 하나님은 생뚱맞게 폭풍 질문을 쏟아 내십니다. **"내가 땅의 기초를 놓을 때 네가 어디 있었느냐? 아는 게 있으면 말해 보아라"** ▶ 욥기 38:4와 같이 말입니다. 그것도 4장에 걸쳐서 길게 이어집니다. 하나님의 역질문을 간단하게 요약하면 다음과 같습니다.

> 네(욥)가 이 세상의 창조자냐? 내(하나님)가 이 세상의
> 창조자냐?

하나님은 욥이 자신의 문제에만 갇혀 우물 안의 개구리처럼 살기를 원치 않으셨습니다. 자신의 삶 너머에는 상상도 할 수 없을 만큼 더 큰 세계가 있고, 그 중심에는 창조자 되시는 하나님이 계심을 알려 주셨던 것입니다. 하나님은 이 놀라운 우주를 만드신 창조자이시고, 다스리시는 주인이십니다. 욥은 너무나 작은 피조물이었습니다. 그때 욥은 대답합니다.

> 주님이 어떤 분이시라는 것을, 지금까지는 제가
> 귀로만 들었습니다. 그러나 이제는 제가 제 눈으로
> 주님을 뵙습니다. ▶ 욥기 42:5, 새번역

욥은 창조주 하나님을 만나고서야 자신만이 옳다는 생각을 내려놓고, 하나님 앞에 엎드렸습니다. 믿음 여행에서도 나만의 세계를 넘어 창조주 하나님을 바라볼 때 진정한 예배가 시작됩니다. 하나님의 하나님 되심을 인정하며 나를 내어 드리는 것이 바로 예배이기 때문입니다. 예배는 모든 것이 이해될 때 하는 종교적인 행위가 아닙니다. 작고 연약한 피조물인 우리가 크고 놀라우신 하나님을 찬양하고 내어 맡겨 드리는 결단의 시간입니다.

과학은 하나님의 창조물 중의 하나입니다. 과학을 가능하게 하는 법칙들도 마찬가지입니다. 예를 들어 인과법칙은 어떨까요? 어떤 원인은 어떤 결과를 낳는다는 법칙이죠.

물을 가열했다(원인) ⇨ 물이 점점 뜨거워진다(결과)
누군가가 폰을 떨어트렸다(원인) ⇨ 폰이 바닥에 떨어진다(결과)

그러고 보니 중력의 법칙도 하나님의 창조물이네요. 하나님의 창조가 없다면 과학은 애초부터 불가능했을지도 모릅니다. 우리는 과학을 통해 하나님의 창조 솜씨와 원리를 더 풍성하게 알 수 있습니다. 실제로 과학자들 중에도 신실한 크리스천들이 많습니다. 과학을 통해 겸손히 하나님을 알아 가는 분들입니다.

하지만 과학을 대할 때 조심해야 하는 점은 분명히 있습니다. 과학 이상의 선을 넘는 겁니다. 과학이라는 이름으로 하나님의 존재와 창조물을 부정하는 것이죠. 과학은 이 세상을 설명하는 다소 정확한 도구일 뿐, 완벽한 도구는 아닙니다. 과학을 대하는 이들은 겸손할 필요가 있습니다. 과학계에서 훌륭한 업적을 남겼던 뉴턴은 다음과 같이 고백했습니다. "나의 (과학적) 발견은 한 작은 소년이 큰 바닷가에서 조금 더 둥근 조약돌을 찾았다고 기뻐하는 정도입니다."

**한 믿음 여행자의
노란 화살표**

01 우주를 생각하거나 대자연을 보면서 감탄했던 경험이 있나요? 언제인가요?

02 시편 저자는 광대한 창조물들 중에 특별히 자신을 돌봐 주시는 하나님을 놀라워합니다. 창조주 하나님에 대해 우리가 회복해야 할 놀라움(감사)은 무엇일까요?

> 주의 손가락으로 만드신 주의 하늘과 주께서 달아 놓으신 달과 별들을 생각해 봅니다. 사람이 무엇이기에 주께서 이렇게 마음을 쓰시며 인자가 과연 무엇이기에 이토록 돌봐 주십니까? ― 시편 8:3-4

03 욥은 창조주 하나님을 만난 이후에 자신의 생각과 의로움을 내려놓고 엎드릴 수 있었습니다. 우리가 지금 창조주 하나님 앞에 내려놓고 엎드려야 할 것(회개)은 무엇인가요?

함께 걷기

6

창조와 믿음

― 하나님의 창조를 믿을 수 있을까?

하나님께서 태초에 하늘과 땅을 창조하셨습니다.

▶ 창세기 1:1

세상에서 제일 아름다운 풍경

세상 풍경 중에서 제일 아름다운 풍경

모든 것들이 제자리로 돌아 '가는' 풍경

세상 풍경 중에서 제일 아름다운 풍경

모든 것들이 제자리로 돌아 '오는' 풍경

〈풍경〉이라는 노래의 가사입니다. 이 곡은 독특하게도 위의 짧은 가사만 반복됩니다. 네 줄의 가사만 외우면 노래 하나를 마스터하는 셈입니다. 하지만 가사만 외운다고 완벽하게 마스터할 수 있는 건 아닐 겁니다. 이 짧은 가사 안에는 많은 의미가 담겼기 때문입니다.

여행을 하다 보면 마음이 푸근해지는 장면을 접할 때가 있습니다. 사람들이 집으로 돌아가는 모습을 볼 때입니다. 어린아이들이 놀이터에서 놀다가 엄마 품에 안겨 집으로 돌아가고, 학생들이 학교나 학원을 마치고 집으로 돌아갑니다. 부모님들도 퇴근 후에 가족이 있는 집으로 돌아갑니다. 모든 사람이 제자리로 돌아가는 풍경입니다.

우리를 둘러싼 자연에서도 이런 풍경을 접하게 됩니다. 자유롭게 공중을 날던 새들이 둥지로 돌아가고, 그날의 끼니를 준비한 동물들은 자식들이 있는 곳으로 돌아갑니다. 동쪽에서 떴던 태양은 서쪽을 지나 다시 동쪽으로 돌아가고, 계절은 봄-여름-가을을 지나 겨울이 오고 다시 봄으로 돌아갑니다. 자연이 제자리로 돌아가고 오는 풍경입니다.

하나님의 창조

성경은 이 모든 풍경의 시작에는 하나님의 디자인과 만드심이 있다고 말씀합니다.

하나님께서 태초에 하늘과 땅을 창조하셨습니다.

▶ 창세기 1:1

하나님의 창조는 크게 두 가지가 있습니다.

· 이 세상에서 볼 수 있는 것
  (하늘, 땅, 바다, 생명, 사람 등등)
· 이 세상에서 볼 수 없지만 있는 것
  (공기, 질서, 법칙 등등)

하나님은 우리가 보는 하늘과 땅, 그곳에 거하는 생명들을 디자인하시고 만드셨습니다. 그리고 사람을 창조하셨습니다. 그렇다고 보이는 것만 창조된 것은 아닙니다. 이 세상을 채우고 있는 공기, 세상을 떠받들고 있는 질서와 법칙도 창조하셨습니다.

예를 들어 중력의 법칙은 어떨까요? 중력은 물체를 잡아당기는 힘입니다. 사과나무에서 떨어진 사과가 하늘로 솟지 않고 아래로 떨어지는 이유는 무엇일까요? 바로 중력 때문입니다. 중력이 없다면 우리 사람들은 땅에 두 발을 딛지 못하고 떠다니게 될 것입니다. 물론 우리는 가끔 우주 비행사처럼 공중을 떠다니는 재미있는 상상을 합니다. 이것이 실제가 되면 불편이 이만저만이 아닐 겁니다. 이동할 때마다 어딘가를 잡고 가야 하고, 국물 음식은 먹지 못할 겁니다(우리의 소울 푸드인

라면도 안 되겠죠). 결정적으로 근육과 뼈가 약해져서 건강에도 치명적인 문제가 생길 수 있습니다.

이 중력과 관련해서도 질서를 알 수 있습니다. 지구의 중력이 지금보다 강했더라도, 반대로 조금만 약했더라도 우리는 존재하기 힘들었을 겁니다. 화성처럼 말입니다. 태양과의 거리도 마찬가지입니다. 만약 지구의 궤도가 태양과 조금(몇 킬로미터)만 떨어져 있어도 대부분 얼게 될 겁니다. 조금만 가까워도 대부분의 생물은 불타게 될 겁니다. 달과의 관계도 그렇습니다. 달은 지구 주위를 돌면서 지구의 지축을 약 23도로 기울게 합니다. 이로 인해 지구에는 봄-여름-가을-겨울이라는 사계절의 변화를 가져오고 생태계를 유지시켜 줍니다.

〈풍경〉이라는 노래의 가사처럼, 우리의 지구는 모든 것이 제자리로 돌아오고 돌아가는 아름다운 풍경을 지니고 있는 것입니다.

이 모든 것이 저절로 이뤄진 것?

과학자들과 철학자들 중에는 하나님의 창조를 부정하는 사람들이 있습니다(모든 과학자, 철학자들이 창조를 부정하는 것은 아닙니다). 이들의 논리는 그럴 듯하나 결국 우주의 시작을 따져 보면 '저절로' 이뤄진 것이라고 말합니다. 빅뱅이라고 하는 우주 대폭발로 인해 (저절로) 지금의 우주와 지구가 만들어졌다고 말합니다. 이때의 빅뱅은 엄밀히 말해 관찰하고 실험해서

도출한 결과가 아닌 믿음입니다. 믿느냐 마느냐의 문제인 겁니다.

우리는 하나님이 창조하셨음을 믿는다

중력을 처음 발견한 사람은 아이작 뉴턴입니다. 천문학자이자 물리학자였죠. 창조주 하나님을 믿었던 신앙인이기도 했습니다. 한번은 뉴턴이 연구를 위해 우주 모형을 만들었습니다. 하나님을 믿지 않는 친구가 그 모형을 보고 물었습니다. "이건 누가 만든 건가?" 뉴턴이 답합니다. "이건 누가 만든 것이 아니라네." 이 말에 그 친구는 믿지 않았습니다. 그렇게 복잡한 모형이 저절로 만들어질 수가 없기 때문입니다. 뉴턴은 다음과 같이 말했습니다. "이 작은 모형도 누군가가 만들어야 가능한 것이라면, 우리의 우주도 저절로 생겨난 것이 아니라 누군가가 만든 것으로 생각해야 타당하지 않겠는가?"

우리나라에 외국인 친구가 방문했다고 가정해 볼까요? 우리나라의 이모저모를 소개합니다. 다음과 같이 묻는다고 가정해 봅시다.

외국인 친구: 이 광화문은 어떻게 생겨나게 되었어?
나: 나무가 바람을 타고 날아와 풍화작용에 의해서 지금의 형태로 깎여지고, 공기 중의 화학작용을 통해서 색이 입혀져서 지금의 광화문이 되었어!

친구의 물음에 대한 답이 이상하지 않나요? 이 답보다 "누가 만들었어!"라는 말이 더 상식적일 것입니다. 우주와 지구는 광화문과는 비교도 되지 않을 정도로 정교하고 복잡합니다. 믿음 여행을 하는 우리는 상식적으로나, 믿음으로나 "하나님께서 태초에 하늘과 땅을 창조하셨습니다"▶창세기 1:1라는 말씀을 믿습니다.

'이 세상을 만드신 분이 하나님이라면, 하나님은 누가 만들었는가?' 이 질문은 유명한 무신론자인 리처드 도킨스가 한 말입니다. 이 주제는 많은 이들의 관심사이기도 합니다.

하나님을 인정하는 유신론자이든, 하나님을 부정하는 무신론자이든 공통적으로 동의하는 지점이 있습니다. 바로 이 우주의 시작이 있다는 점입니다. 차이점은 다음과 같습니다.

창조주 하나님을 믿는 사람 ⇨ 우주의 시작에 하나님이 계신다
창조주 하나님을 믿지 않는 사람 ⇨ 우주의 시작에 물질이 있다

무신론자들은 물질의 우연한 폭발로 이 세상이 만들어졌을 뿐(빅뱅), 창조주 하나님은 없다고 주장합니다. 과연 그럴까요? 이 세상이 물질로 시작해서 단순히 양성자, 중성자, 전자들로만 구성되어 있다면 우리가 경험하는 희망, 사랑, 목적 등은 의미가 없어집니다. 사람도, 인격도 단순한 물질 덩어리일 테니까요.

하나님은 누군가가 만든 분이 아니라 스스로 계신 분입니다(출애굽기 3:14). 시작과 끝이 없는 영원하신 분이기도 하죠(이사야 40:28). 무엇보다 사랑이십니다(요한일서 4:8). 이 세상의 시작과 끝, 우리의 삶의 의미는 모두 하나님께로부터 왔습니다.

한 믿음 여행자의
노란 화살표

01 내가 아끼는 물건이 제자리에 놓여 있지 않거나 잃어버리면 어떤 생각이 드나요?

02 성경은 보이지 않는 하나님의 말씀이 보이는 이 세상을 창조했다고 말씀합니다. 우리 주위에 보이지 않지만 실제로 존재하는 것들이 있다면 무엇이 있을까요?

> 믿음으로 우리는 온 세상이 하나님의 말씀으로 창조됐고 따라서 보이는 것은 나타난 것으로 말미암아 지어지지 않은 것을 압니다. ─ 히브리서 11:3

03 어느 친구가 "하나님이 이 세상을 창조하셨다는 것을 설득시켜 줘!"라고 묻는다면 어떻게 답할 수 있을까요?

함께 걷기

진화주의

꼭 피해야 할 함정들

내 이름으로 불려지는 모든 자 곧 내가 내 영광을
위하여 창조한 자를 오게 하라 그를 내가 지었고 그를
내가 만들었느니라 ▶ 이사야 43:7, 개역개정

그럴 듯하지만 그렇지 않은

《천로역정》의 한 토막을 소개합니다. 크리스천이라는 이름을
가진 한 사람은 믿음 여행을 떠납니다. 멸망의 도시를 떠나 천
국으로 향하는 발걸음은 힘든 일도 있었지만 보람된 여정이었
습니다. 힘든 고비마다 자신의 속마음을 알아주고 응원해 주

는 사람들이 있었기 때문입니다. 우리도 어려운 일이 있을 때 곁에 있는 친구가 "그랬구나"라는 반응과 함께 조용히 나의 말을 들어주거나 "힘내, 내가 있잖아!"라고 응원해 줄 때 힘을 얻습니다.

하지만 정반대의 사람을 만납니다. 세속의 현자라는 이름을 가진 사람인데요. 겉으로는 누구보다 친절하고 똑똑해 보이는 남자였습니다. 그 사람이 전해 주는 말은 더욱 신뢰가 갔습니다. 그의 말을 한번 들어볼까요?

내 말을 잘 듣는다면 자네가 가는 길에는 아무런 어려움이 없을 것이네.

어떤가요? 귀가 솔깃해지는 말이죠. 크리스천은 이 세속 현자의 말을 따라 발걸음을 내딛습니다. 그런데 이게 웬걸, 어려움 없이 성공적으로 여행을 할 수 있을 거라던 말과는 달리 더 고통스러운 길에 접어들고 맙니다. 세속 현자의 말은 얼핏 듣기에 유익하게 들렸지만 해로운 이야기였습니다.

우리도 해외에서 여행을 하다 보면 사람들에게 속을 때가 종종 있습니다. 친절한 모습으로 다가와서 캐리어(짐)를 들어 주는 척하면서 훔쳐 달아나거나 잠시 도와주고 돈을 요구하는 사람들도 있다고 합니다. (저도 한 번 당했죠.) 믿음 여행에서도 그럴 듯하게 들리지만 우리를 흔들리게 하고 혼란에 빠트리게 하는 함정들이 있습니다. 두 가지 말을 조심하세요.

1. 네가 네 자신의 주인이다

하나님의 뜻을 구하고, 기도하는 것은 약해 빠진 사람들이나 하는 유치한 일이라고 말하기도 하죠. 하나님을 찾을 시간에 네 자신의 가치를 더 높이고, 힘을 키우라고도 말합니다. 이 말은 결국 이 우주의 중심에서 하나님을 몰아내고 사람을 왕좌에 앉히는 일입니다.

리처드 도킨스는 진화론자이자 무신론자입니다. 자신의 생각이 담긴 글귀를 버스 외부에 광고하는 열성적인 사람이기도 하죠. 보통 버스에는 연예인 생일 축하나 영화 포스터를 광고하는데요. 그는 다음과 같은 글귀를 내걸어 많은 사람들이 보도록 했습니다.

아마도 신은 없을 테니 걱정을 멈추고 너의 인생을 즐겨라

이 메시지에 많은 사람들은 열광했습니다. 아마도 사람들은 아래처럼 받아들였을 겁니다.

아마도 신은 없을 테니 성경을 버리고 네 소신으로 살아라
아마도 신은 없을 테니 기도를 버리고 네 느낌으로 살아라
아마도 신은 없을 테니 교회를 버리고 네 마음대로 살아라

얼핏 들으면 그럴 듯하게 들립니다. 하지만 이 말은 에덴

동산에서 뱀이 하와를 유혹할 때 했던 말을 닮았습니다.

> 너희가 그것을 먹는 날에는 너희 눈이 밝아져
> 하나님과 같이 되어 선악을 알 줄 하나님이
> 아심이니라 ▸ 창세기 3:5

다른 말로 "너희가 하나님처럼 되어서 더 이상 하나님이 필요 없을 것"이라고 말하고 있기 때문입니다. 선악과를 먹은 결과 사람은 하나님처럼 된 것이 아니라 비참한 죄에 빠졌습니다. 하나님을 찾는 사람은 나약해 빠진 사람이 아닙니다. 진정으로 용기 있는 사람입니다. 나를 내려놓고 하나님께 나아가기 위해서는 담대함이 필요하기 때문입니다. 그래서 우리는 이렇게 고백합니다.

반드시 하나님은 계실 테니 용기를 내어 네 인생을 맡겨라

2. 세상과 너는 우연히 만들어졌다

이 말은 창조주 하나님을 부정하는 말입니다. 태초에 하나님이 천지를 창조하셨다 ▸ 창세기 1:1 는 말씀을 다음과 같이 바꿉니다.

태초에 (어떤) 물질이 폭발하여 우주가 생겨났다

이 말에 따르면 지금의 우주가 생겨나게 된 데에는 아무런 목적도, 의미도 없습니다. 사람도 마찬가지입니다. 그저 우연히 이 땅에 태어난 존재이기 때문입니다. 과연 그럴까요?

우주는 질서에 따라 움직이고 있습니다. 약간의 오차만 있었어도 지금의 지구는 존재하지 않았을지도 모릅니다. 이 세상에는 질서뿐만 아니라 복잡성까지 지니고 있습니다. 사람의 세포를 예로 들어 볼까요? 우리 몸의 작은 세포 하나조차 엄청나게 복잡한 구조를 지니고 있습니다. 세포 하나에 담긴 DNA코드는 상상하기 힘들 만큼 방대한 정보를 가지고 있습니다. 도서관 하나만큼의 엄청난 정보를 지니고 있는 셈이죠. 이런 세포가 우리 몸에 약 100조 개가 존재합니다. 이와 같은 질서와 복잡성이 우연적으로 생겨났다고 믿기에는 도무지 믿음이 생기지 않습니다. 하나님은 우리를 지으신 목적을 분명하게 말씀하셨습니다.

> 내 이름으로 불려지는 모든 자 곧 내가 내 영광을
> 위하여 창조한 자를 오게 하라 그를 내가 지었고 그를
> 내가 만들었느니라 ▶ 이사야 43:7, 개역개정

우리는 우연히 생겨나지 않았습니다. 하나님이 분명한 목적을 가지고 창조하셨습니다. 태어난 곳과 사는 곳이 달라도, 피부색과 성별이 달라도 모두 동일한 목적이 있습니다. 바로 하나님의 영광을 위해서입니다. 지금 이 땅에서 살아간다는

것만으로도 하나님의 일차적인 목적은 이뤄진 셈입니다. 우리는 매일의 삶을 통해 그 목적을 계속해서 이뤄 갑니다.

하나님은 우리의 외모를 보시는 것이 아니라 중심을 보세요(사무엘상 16:7). 어떤 일을 선택하거나 행동할 때 그 사람의 동기를 보는 것이죠. 하나님의 영광을 위해서 하는지, 자신의 영광을 위해서 하는지를 다 꿰뚫어 보신답니다.

사람은 외모에 속기 쉽죠. 겉모습이 그럴 듯하면 의도도 선하게 느껴집니다. 그래서인지 보통 사기꾼들은 외모에 많은 신경을 기울입니다. 말도 매우 유창하게 잘하죠. 그래야만 사람들이 쉽게 속아 넘어가니까요. 겉으로는 의로운 행동을 하고 있지만 속으로는 욕심이 가득할 수 있고, 겉으로는 경건하게 기도하고 있지만 속으로는 욕심을 위한 목적으로 할 수 있습니다. 하지만 중심을 보시는 하나님을 속일 수는 없죠.

아우구스티누스라는 근사한 신앙 선배는 "하나님을 사랑하라. 그리고 모든 것을 하라"라고 말했어요. 하나님을 사랑하기 위한 목적으로 선택한다면 (범죄를 하는 것이 아닌 한) 하나님을 위한 것일 확률이 높아요. 물론 그 선택을 실천할 때도 계속해서 이 동기와 목적을 점검해야겠죠. 예를 들어 진로를 선택할 때, 그 진로를 통해 하나님 사랑하는 것을 최우선으로 두고 결정하는 것이죠. 그 진로로 들어선 이후에도 계속적으로 하나님을 사랑하는 것에 최우선을 두고 실천한다면 하나님께 영광이 되는 시간이 될 겁니다.

한 믿음 여행자의
노란 화살표

01 겉과 속이 다른 사람을 만나거나, 누군가에게 속았던 경험이 있나요? 어떤 영향이 있었나요?

02 성경은 우리를 작품이라고 말씀합니다. 작품은 만든 이가 누구인가에 따라서 가치가 달라집니다. 우리는 완전한 하나님이 만드신 최고의 걸작품입니다. 작품에 걸맞게 살아가기 위해서 우리에게 바뀌어야 하는 것이 있다면 무엇일까요?

> 내가 주를 찬양합니다. 주께서 나를 경이롭게, 멋지게 지으셨습니다. 주의 작품은 정말 놀랍습니다. 내 영혼이 너무나 잘 알고 있습니다. — 시편 139:14

03 세상과 사람이 우연히 생겨난 존재라면, 이 세상에는 어떤 일들이 일어날까요?

함께 걷기

8

창조와 사람

— 하나님의 형상

하나님께서 사람을 그분의 형상대로 창조하시니,

곧 하나님의 형상대로 사람을 창조하시되

하나님께서 그들을 남자와 여자로 창조하셨습니다.

▶ 창세기 1:27

사람만의 특성이 있다

《피노키오》라는 동화를 아시나요? 자세한 내용은 모르더라도 피노키오와 관련된 이야기는 대부분 알 겁니다. 몸이 나무로 된 인형이라거나 거짓말을 하면 코가 길어지는 스토리는 아주 유명하니까요. 이 동화 속에는 하나의 질문이 깔려 있습니다.

사람만이 지니고 있는 것은 무엇일까?

사람만큼 뛰어난 동물들이 있습니다. 침팬지나 범고래의 지능은 사람만큼 높다고 하죠. 돌고래는 초음파를 통해 의사소통을 하기도 하고, 코끼리는 사람에 버금가는 그림 실력을 지니고 있다고 합니다. 이를 상업적으로 악용하는 사람들도 있을 정도죠. 그렇다면 사람만이 가지고 있는 것은 무엇일까요?

피노키오 이야기에서는 '착한 행동'을 사람의 특성이라고 말하는 것 같습니다. 나무로 된 인형 피노키오가 위기에 빠진 제페토 할아버지를 구해 주는 착한 일을 통해 사람으로 바뀌기 때문입니다. 그래서 피노키오 동화작가는 이렇게 말하고 싶을지 모릅니다.

사람이라고 다 같은 사람인가요? 착한 일을 해야 사람이죠!

하나님의 특성

하나님은 식물과 동물을 만드시고 난 후에 사람을 지으셨습니다. 성경에서는 사람을 만드실 때를 실감나게 중계합니다.

하나님께서 말씀하시기를 "우리가 우리의 형상대로

우리의 모양을 따라 사람을 만들자" ▶ 창세기 1:26a

하나님의 형상대로, 하나님의 모양대로 사람을 만드셨다
고 말씀합니다. 여기서 퀴즈! 하나님의 형상과 모양은 무슨 뜻
일까요? 알아맞혀 보세요.

1. 하나님 얼굴과 비슷하게 생겼다
2. 하나님 몸 형태와 닮았다
3. 하나님 식성을 닮았다
4. 하나님 헤어스타일을 닮았다

정답이 무엇일까요? 아쉽게도 없습니다. 하나님은 영이
셔서 이목구비나 식성 같은 것은 없으시기 때문입니다. 성경
에서 말씀하시는 하나님의 형상은 '관계성'을 의미합니다. 관
계성을 떼어 놓고는 하나님을 이해할 수 없습니다. 삼위일체
라는 말을 들어 본 적이 있나요? 아버지 하나님, 아들 예수님,
성령님이 한 분 하나님이십니다. 하나님은 철저하게 관계 속
에 계시는 분이죠. 하나님의 형상이라는 것은 하나님과 인격
적인 관계를 맺고 교제(친밀함)를 나눌 수 있는 존재라는 겁니
다. 앞서 말한 침팬지나 범고래는 능숙하게 의사소통을 할 만
큼 지능이 높지만 하나님과 인격적인 관계를 맺지는 못합니
다. 이것은 사람에게만 있는 특권인 셈이죠.

2부 하나님의 창조를 믿을 수 있을까?

행복은 좋은 관계에서 온다

우리는 좋은 관계에서 행복감을 느낍니다. 친구 사이가 끈끈하거나 가까우면 행복감을 느낍니다. 힘든 일이 있을 때 서로의 눈빛만 봐도 힘이 나죠. 가족과의 관계가 친밀하면 오는 행복감이 있습니다. 어려운 일이 있을 때 가족의 말 한마디에 위로를 얻기도 하죠. 정반대를 생각해 볼까요? 친구 사이가 깨어지거나 가족과의 관계가 멀어지면 마음이 무거워지고, 무언가를 할 의욕을 잃기도 합니다. 성경에서도 "집에 고기를 잔뜩 쌓아두고 서로 다투는 것보다, 마른 빵 하나를 가지고도 서로 화목하는 것이 더 낫다"▶잠언 17:1라고 말씀하고 있어요.

　더 근원적으로 사람은 하나님과의 좋은 관계에서 진정한 행복감을 느낍니다. 마치 물고기가 물에서 헤엄칠 수 있고, 새가 공중에서 날아갈 수 있도록 만들어졌듯이 사람은 하나님 안에서만 진정한 가치와 목적을 발견할 수 있도록 지음을 받았습니다. 그렇다면 다시 한 번 퀴즈를 맞혀 볼까요? 다음 중 하나님이 우리에게 간절히 바라시는 것은 무엇일까요? (힌트는 요한복음 15장 5절입니다.)

　1. 헌금을 많이 내는 것
　2. 착한 일을 많이 하는 것
　3. 하나님 안에 머무는 것
　4. 스마트폰 하는 시간을 줄이는 것

정답은 3번 하나님 안에 머무는 것입니다. 물론 1, 2, 4번도 가치 있는 일이지만 하나님과 바른 관계를 맺지 않고서는 의미 없는 일입니다. 마치 물고기가 물을 떠나서 헤엄을 칠 수 없고, 새가 공중을 떠나서 마음껏 날 수 없는 것처럼 말입니다.

우리는 하나님만이 채우실 수 있는 형상이다

앞서 《나니아 연대기》라는 동화를 다루었죠? 이 책을 쓴 C. S. 루이스는 갈망에 대해 말했습니다. 우리가 갈망을 느끼는 것은 그 갈망을 채울 수 있는 무언가가 있기 때문이라는 거죠. 우리는 목마름을 느낍니다. 그것은 갈증을 해소시켜 줄 수 있는 물이 있기 때문입니다. 배고픔도 마찬가지겠죠. 허기를 채워 줄 수 있는 음식이 있기 때문입니다. 우리는 왜 가끔씩 외로움과 공허함을 느낄까요? 왜 사람들은 지구의 삶으로 만족하지 않고 드넓은 우주를 탐험할까요? 왜 사람들은 죽음을 두려워하며 영원한 삶을 꿈꿀까요? 왜 사람들은 엄청난 위험을 감수하면서까지 쾌락을 갈망할까요? 그 이유는 완전하게 갈망을 채울 수 있는 분이 있기 때문입니다. 바로 하나님입니다.

우리는 하나님의 형상입니다. 하나님 안에서만 진정한 만족을 누릴 수 있습니다. 우리의 갈망은 하나님만 채우실 수 있기 때문입니다. 하나님을 떠나서는 진정한 만족이 없습니다. 그래서 우리는 이렇게 고백합니다. "인생이라고 다 같은 인생이 아닙니다. 하나님 안에 있는 삶이 진정한 삶입니다." ▶ 요한복음 15:5

실제로 우리에게는 다양한 관계들이 있죠. 하나님과의 관계도 있지만, 가족과의 관계도 있고, 선생님, 친구들과의 관계도 있습니다. 오해하지 말아야 할 것은 하나님과의 관계가 중요하다고 해서 다른 관계들이 필요 없다고 말하는 것은 아닙니다. 대부분의 이단 사이비 교회에서는 이를 악용해서 주위 사람들과의 관계를 끊게 만들기도 합니다. 심지어 부모 자식 간의 관계도 말이죠. 이것은 명백히 틀린 것입니다.

하나님과의 관계가 중요하다는 것은 우선순위로서의 관계를 말합니다. 어떤 일에 있어서 순서가 있고, 우선적으로 꼭 해야 하는 일이 있습니다. 관계에 있어서도 하나님과의 관계가 우선적으로 꼭 있어야 하는 것입니다. 이 관계가 충분하지 않으면 다른 사람이나 물건에 더욱 집착하게 됩니다. 누군가 내 진심을 알아주지 못하거나 내가 원하는 것을 사지 못하면 더 실망하고 좌절하게 되죠. 모든 관계에 앞서 하나님과의 관계가 우선되어야 하는 이유가 바로 이 때문입니다.

아우구스티누스는(지난 화살표에서도 만났었네요) "하나님께서 우리를 하나님을 위해 만드셨기 때문에 우리의 마음은 하나님 안에서 머물 때까지 끝없이 흔들릴 수밖에 없습니다"라고 말했어요. 주위의 관계가 깨어지거나 흔들린다면 하나님과의 관계를 점검해 봐야 합니다. 그 관계가 흐트러져 있다면 다시 회복해야 합니다.

한 믿음 여행자의
노란 화살표

01 사람으로 갖춰야 하는 것이 있다면 무엇일까요? (세 가지 정도로 요약해 봅시다.)

02 성경은 우리가 하나님 안에 있을 때 진정한 열매를 맺을 수 있다고 말씀합니다. 내가 하나님 안에 거하기 위해 가장 우선적으로 회복해야 할 것은 무엇일까요?

> 나는 포도나무요 너희는 가지다. 그가 내 안에 있고 내가 그 안에 있으면 그 사람은 많은 열매를 맺는다. 나를 떠나서는 너희가 아무것도 할 수 없다. ― 요한복음 15:5

03 지금 나를(혹은 우리 가정을) 가장 어렵게 하는 일은 무엇인가요? 하나님과의 관계가 더욱 든든해진다면 그 일은 어떻게 달라질까요?

함께 걷기

왜 세상은
엉망이
되었을까?

9 세상
─ 세상이 엉망이 되어 버린 이유

사람들이 하나님을 인정하기를 싫어하므로,
하나님께서는 사람들을 타락한 마음자리에
내버려 두셔서, 해서는 안 될 일을 하도록 놓아
두셨습니다. ▶ 로마서 1:28, 새번역

웃을 수 없는 여행

학생들을 만나 가르치다 보면 강의 내용과 상관없는 질문을
듣기도 합니다. '첫사랑 얘기 좀 해주세요', '첫 키스는 언제예
요?', '결혼은 대체 어떻게 하신 거예요?'(협박해서 결혼한 거

아니죠?) 이런 질문에 답하기 시작하면 분위기가 한층 뜨거워집니다. 특히 남학생들은 고백에 성공한 이야기보다는 실패한 이야기, 상대에게 차인 이야기를 들으면 열광적으로 좋아합니다. 제가 볼 땐 개네들도 별반 다를 것 없어 보이는데 말이죠.

"신혼여행은 어디로 다녀오셨어요?"라는 질문에 답하면 다들 고개를 갸우뚱거립니다. 왜냐하면 '아우슈비츠 수용소'를 다녀왔다고 답하기 때문입니다. 이 수용소는 세계 제2차 대전에 히틀러의 지시로 주로 유대인들을 가두고 학살했던 곳입니다. 약 400만 명 정도가 희생되었다고 하죠. 이 비극은 영화로도 소개되었습니다(쉰들러 리스트, 인생은 아름다워, 줄무늬 파자마를 입은 소년 등).

지금 이 수용소는 박물관으로 활용되고 있는데요. 당시의 만행이 얼마나 끔찍했는지를 보여 주는 사진 자료들, 희생자들의 당시 유류품이 전시되어 있습니다. 가장 마음을 아프게 했던 것은 한 액자에 담긴 사진이었습니다. 많은 아이들이 줄지어서 천진난만한 모습으로 어디론가 가고 있습니다. 장면만 놓고 보면 꼭 소풍 나가는 모습입니다. 그 액자의 제목은 '죽으러 가는 길'이었습니다. 아마도 악마 같은 군인들이 어린이들을 속여서 죽음에 이르는 가스실로 데리고 가지 않았을까요? 악마도 울고 갈 정도로 참혹한 사건이었습니다.

왜 세상은 엉망이 됐을까?

오늘날에도 이런 비극적인 일들은 계속되고 있습니다. 환한 대낮에 음주 운전 차량에 치여 어린이들이 생명을 잃고, 학교 폭력으로 학생들의 영혼이 병들어 가고, 성추행으로 전인격이 피폐해지는 소식을 하루가 멀다 하고 접하고 있습니다. 조금 더 시야를 넓혀 볼까요? 같은 지구상에서 태어났지만 어떤 이들은 너무 먹을 것이 많아 다이어트를 하고 있고, 어떤 이들은 먹을 음식이 없어 영양실조에 걸리거나 굶어 죽어 가고 있습니다. 지금도 여전히 세계 곳곳에는 전쟁과 분쟁이 끊이지 않고 있습니다. 우리도 모르는 사이에 무고한 시민들이 상대의 총칼에 희생당하고 있습니다. 그 안에서 연약한 아이들과 여성들은 끝없이 착취당하고 있죠. 뿐만 아니라 자연도 인간들이 만들어 낸 쓰레기와 오염으로 인해 고통당하고 있습니다.

엉망이 된 세상의 뿌리

하나님이 이 세상을 창조하실 때 완벽한 작품이었습니다. 그런데 세상은 왜 이렇게 깨어졌을까요? 공교육이나 가정교육이 잘못되어서일까요? 성경은 그 뿌리가 아주 깊다고 말합니다.

사람들이 하나님을 인정하기를 싫어하므로,

하나님께서는 사람들을 타락한 마음자리에

내버려 두셔서, 해서는 안 될 일을 하도록 놓아

두셨습니다. ▸ 로마서 1:28, 새번역

완벽한 세상에 금이 가기 시작한 것은 하나님을 인정하기 싫어하는 마음에서 찾을 수 있습니다. 이 말은 단순히 '기독교는 내 스타일이 아니에요!', '교회 다니는 거 부담 돼요!' 정도가 아닙니다. 인생의 주인 자리에서 하나님을 밀어내는 태도죠. 어느 목사님이 한 특수병원을 찾아갔을 때 일입니다. 어떤 환자분이 갑자기 소리쳤다고 해요. "내가 바로 하나님의 아들 예수다!" 너무 놀라서 그 사람을 쳐다보는데, 또 다른 환자분이 되받아쳤다고 합니다. "나는 너를 낳은 적이 없는데 너는 도대체 누구냐?!" 웃기지만 슬픈 이야기입니다. 우리 현대인들의 자아상이기도 하기 때문이죠.

선악과, 넘지 말아야 할 중앙선

죄의 뿌리를 선악과에서 찾아볼 수 있습니다. 교회를 제법 다닌 사람들 중에는 선악과에 대해 불만을 지닌 이들이 있습니다. 선악과만 아니었으면 지금쯤 에덴동산에서 살고 있을 테니까요. 등교나 출근도 없었을 테고, 개학이나 월요병도 없었을 겁니다. 수학, 과학, 영어를 공부하지 않아도 됐을 테고, 중간, 기말시험에 과제도 없었을 겁니다. 당연히 대입시험도, 취업시험도 없었겠죠. 대신 성경 암송 시험은 있을 수 있었겠네요(어디까지나 추측이겠지만요).

선악과에 대해서 어떤 이는 음모론을 제기합니다. '선악과는 분명 하나님이 파놓은 함정일 거야.' 어떤 이는 자본주의적으로 접근합니다. '그깟 선악과가 얼마나 한다고 그 난리시지?' 또 어떤 사람은 제법 그럴싸한 논리를 펼칩니다. '애초에 선악과 주위에 철책을 둘러서 몇 만 볼트 전류를 흐르게 하면 접근을 못하지 않았을까?'

언뜻 생각하기에는 맞는 말 같지만 모두 오해입니다. 선악과는 단순한 과일이 아니었기 때문입니다. 하나님과 사람 사이를 구분 짓는 일종의 중앙선이었습니다. 사람들은 중요하다고 여기는 것일수록 상대에게 "선 넘지 마!", "이 사람이 선 넘네!"라고 표현합니다. 선악과는 사람이 결코 침범해서는 안 되는 선이었습니다. 왜 그럴까요? 에덴동산에서는 하나님과 사람의 구분이 거의 없었습니다. 사람도 영원히 살았고, 동산을 다스리는 권한을 지니고 있었으니까요. 마음만 먹으면 동산의 모든 것을 가질 수 있었습니다. 단 한 가지만 빼고 말이죠. 바로 선악과입니다.

하나님과의 관계가 깨어지다

아담과 하와는 동산 한가운데에 놓인 선악과를 보면서 물어야 했습니다. "저 선악과를 왜 먹으면 안 되지?" 답은 간단했죠. "먹지 말라는 하나님의 명령 때문이야." 이들이 하나님의 권위에 순종할 때 에덴동산에 머물 수 있었습니다. 그 와중에 교활한 뱀이 선악과로 유혹했던 말을 기억하시나요?

> 너희가 그것을 먹는 날에는 너희 눈이 밝아져
> 하나님과 같이 되어 선악을 알 줄 하나님이
> 아심이니라 ▶ 창세기 3:5

이 말에 속아 넘어간 아담과 하와는 에덴동산에서 더 이상 머물 수 없었습니다. 쫓겨난 아담과 하와가 가장 먼저 겪어야 했던 일이 오늘날 매우 상징하는 바가 큽니다. 큰 아들(가인)이 작은 아들(아벨)을 돌로 쳐 죽이는 사건이었죠. 이것을 시작으로 세상은 엉망이 되었던 것입니다.

엉망이 된 세상의 뿌리를 거슬러 가보면 그 핵심에는 깨어진 하나님과의 관계가 있습니다. 하나님의 권위에 순종하기보다 자신의 탐욕을 섬기는 탓에 하나님과의 관계가 깨어져버린 것이죠. 이 깨어진 관계를 시작으로 이 세상은 엉망이 될 수밖에 없었습니다.

우리는 크고 작은 어려움을 겪습니다. 그중에는 내 힘으로 이겨 낼 수 있는 것이 있고, 그렇지 않은 것도 있겠죠. 문제의 크기를 떠나서 어려움을 겪으면 "내가 힘들 때 하나님은 어디에 계시나요?"라는 물음이 생기기도 합니다.

이런 고난에 대한 문제는 참 어렵습니다. 정확한 답을 제시하기가 곤란한 때가 많기 때문입니다. 모든 상황에서 수학문제처럼 '1+1=2'라는 공식이 들어맞지 않을 수 있습니다. 무엇보다 아픔을 겪는 이에게 당장 필요한 것은 정답이 아니라는 생각도 하게 됩니다.

분명한 것은 하나님이 우리의 아픔을 외면하시는 분이 아니라는 점입니다. 하나님은 우리 이상으로 사람의 어려움과 고난을 이해하세요. 하나님은 자신의 하나밖에 없는 아들, 예수님을 십자가에서 잃어 보셨죠. 상실의 아픔, 배신의 상처, 거절의 고통을 누구보다도 잘 아십니다.

성경을 보면, 어려움이 꼭 나쁜 것만은 아님을 알 수 있습니다. 믿음 여행을 하는 사람들에게 고난은, 길을 잃지 않게 하고 참된 주인이신 하나님을 잊어버리지 않게 했거든요. 그래서 한 시편 저자는 "내가 고난을 받는 것이 내게는 잘된 일입니다. 이는 내가 주의 율례를 배우게 되기 때문입니다"(시 119:71)라고 고백했던 것이죠.

어려움을 겪을 때 문제에만 지배당하기보다 우리와 함께하시는 하나님께 집중해 보세요. 우리의 아픔을 (누구보다 잘) 아시는 하나님의 위로와 평안을 경험할 수 있을 겁니다.

**한 믿음 여행자의
노란 화살표**

01 만약 여러분이 아우슈비츠 박물관을 직접 가서 보게 된다면 어떤 생각이 들까요?

02 성경은 우리를 죄인이라고 말합니다. 선한 일은 애써서 노력해도 힘들지만 죄는 별 노력 없이 되거나 나도 모르게 짓고 있을 때가 많기 때문입니다. 여러분은 혹시 이처럼 본인이 죄인이라는 자각을 했던 적이 있나요? 그때가 언제인가요?

> 나는 내가 행하는 것을 이해할 수 없습니다. 이는 내가 원하는 것은 행하지 않고 오히려 증오하는 것을 행하기 때문입니다. ― 로마서 7:15

03 망가진 세상이 다시 하나님과의 관계를 회복한다면 어떤 일들이 일어날까요?

함께 걷기

10 종교

> 하나님의 선물은 우리 주 예수 그리스도
> 안에서 누리는 영원한 생명입니다. ▶ 로마서 6:23b, 새번역

종교가 늘어난다

신은 죽었다 - 니체

어느 학교 화장실 벽면에 누군가 낙서한 내용입니다. 그 아래에 또 누군가 낙서로 댓글을 달았습니다.

니체도 죽었다 - 신

두 사람의 살벌한(?) 낙서는 마지막 댓글로 마무리되었습니다.

너희들 잡히면 다 죽었다 - 미화원 아주머니

니체라는 철학자는 "신은 죽었다"는 말을 한 사람으로 유명하죠. 그가 사형선고를 내렸던 종교는 이 세상에서 사라지기는커녕 여전히 부흥(?)하고 있습니다. 이 세상에 존재하는 종교의 숫자는 얼마나 될까요? 아마 셀 수 없이 많을 겁니다. 일본에는 사람 숫자보다 모시는 신이 더 많다는 얘기가 있을 정도니까요.

이 지구에는 다양한 종교가 있습니다. 외계인을 믿는 종교, 축구 선수를 믿는 종교, 사탄을 믿는 종교, 최근에는 AI를 숭배하는 종교가 생겨났다죠. 참고로 신이 없다고 믿는 무신론자들도 자신이 하는 말(신은 없다)을 믿는 사람들이니 종교인이긴 매한가지일 겁니다.

종교가 스며든다

오늘날 일상에서도 종교가 많이 섞여 있습니다. 기독교 축제인 크리스마스는 종교를 떠나서 많은 사람들이 즐기는 축제가 되었습니다. 불교 축제인 석가탄신일에는 꼭 불교도가 아니어도 법당을 찾아 행사에 참여하거나 비빔밥을 먹는 사람들이 늘어나고 있습니다. 최첨단의 시대에도 무당을 찾아 점을 보는 사람들이 늘어나고 있다죠. 우리에게 낯선 이슬람교 사원도 지역에 점점 세워지고 있습니다.

"사람은 문제 앞에서 신을 찾게 된다"는 말이 있습니다. 이를 증명이라도 하듯 SNS에서 #(해시태그)기도해주세요를 검색해 보면 꼭 특정한 종교를 가지고 있지 않아도 기도의 힘을 믿는 사람들이 많아 보입니다. 이처럼 종교가 우리의 일상에 서서히 스며들고 있습니다. 왜 이렇게 종교가 많아지고 점점 깊은 영향을 끼치는 걸까요?

사람에게 남은 하나님 형상의 조각

아담과 하와가 선악과를 먹은 이후로, 사람에게 있어 하나님의 형상은 깨어졌지만 그 조각은 남아 있습니다. 그중 하나가 영원한 것에 대한 갈망입니다. 성경을 읽어 볼까요?

> 하나님은 모든 것을 그분의 때에 아름답게 만드시고
> 사람들의 마음속에 영원을 사모하는 마음을
> 주셨다. ▶ 전도서 3:11a

진시황제는 영원히 살게 해주는 불로초에 집착했었죠. 그의 권력과 재물을 동원해서 샅샅이 찾았지만 결국 실패했습니다. 불로초의 대체물로 온도계에 들어가는 '수은'을 엄청 많이 먹었다고 전해지죠.

당시 사람들 중에는 이 위험한 물질이 생명 연장에 도움이 될 것이라 믿었던 이들이 있었나 봐요. 하지만 영생을 얻기보다는 심각한 병에 시달리게 만든 원인이 되었다고 하죠. 불로초가 아니라 독초가 된 셈입니다.

꼭 진시황제처럼 불로초를 찾아다니지 않더라도 사람은 다른 동물들과는 달리 영원에 관련된 답을 찾고 있습니다. '나는 어디에서 왔고, 또 어디로 갈 것인가?', '나는 죽으면 어떻게 되는 거지? 모든 것이 사라지는 걸까?'라고 말이죠. 이런 질문에 대한 답은 과학이 줄 수 없죠. 종교가 해줍니다. 세상에 종교가 많다는 것은 그만큼 사람의 갈망이 많음을 보여 주는 것일 테죠. 그렇다면 주위에서 흔히 접하는 다른 종교들과 기독교는 어떤 점이 다른지를 알아볼까요.

천주교는 기독교와 어떻게 다를까요?

먼저 용어 정리를 해볼까요. 엄밀히 말해 기독교와 천주교는 같은 말입니다. 기독교라는 명칭 안에 성당으로 불리는 천주교(가톨릭)와 교회라고 불리는 개신교(개혁교회)가 포함되기 때문입니다. 그리스 정교회라는 것도 포함되죠.

기독교

천주교　　개신교　　그리스
정교회

어느 순간부터 개신교를 기독교로 부르면서 굳어지게 된 것 같네요(여기에서는 이해의 편의상 가톨릭을 천주교로, 개신교를 기독교로 부를게요). 차이를 알아볼까요.

① 교황은 오류가 없다 VS 오류가 있다

천주교와 기독교는 사람의 오류에 있어서 다릅니다. 천주교에는 최강자를 교황이라고 말하죠. 교황과 그의 가르침은 절대 오류나 문제가 없다고 말합니다. 예수님의 어머니인 마리아는 죄가 전혀 없다고 말합니다. 성당을 가면 사람들이 마리아 동상 앞에 엎드려 기도하는 이유이기도 하죠. 그러나 기독교는 모든 사람은 오류가 있을 수 있고, 죄가 있다고 말합니다.

② 선행으로 구원받는다 VS 오직 믿음으로 구원받는다

천주교와 기독교는 구원에 있어서 다릅니다. 천주교에서는 구원받기 위해 믿음과 착한 행동이 필요한 반면, 기독교는 믿음만 필요합니다. 기독교에서 착한 행동은 구원받기 위한 조건이 아니라 먼저 구원을 주셨음에 감사하는 마음으로 하는

실천입니다.

불교는 기독교와 어떻게 다를까요? (feat. 이슬람과 힌두교)

불교에 의하면 스스로의 힘으로 구원에 이를 수 있습니다. 사람마다 부처가 될 수 있는 가능성(불성)을 지니고 있습니다. 진리에 대한 깨달음을 얻고 자신 안에 있는 가능성을 실현해 나가면 해탈에 이르게 된다고 말하죠. 철저하게 자기 자신의 힘으로 구원을 얻을 수 있다고 말합니다. 이런 점에서는 이슬람교나 힌두교도 비슷합니다. 자신의 노력이 중요하죠. 그러나 기독교는 자신의 노력으로는 구원을 얻을 수 없다고 말합니다. 전적으로 하나님이 주시는 겁니다. 만약 누군가가 물에 빠져 허우적대고 있다고 가정한다면 다음과 같습니다.

불교: 스스로 나올 수 있습니다. 힘내세요.

기독교: 제가 구해 줄게요. 제 손을 잡아요.

누군가가 물에 뛰어들어서 건져 올리는 것이죠. 기독교는 이처럼 예수님이 세상에 뛰어드셔서 십자가에서 죽으심으로 사람을 살리셨음을 믿는 것입니다.

구원은 하나님의 선물

기독교가 말하는 구원, 영원한 생명은 노력으로 얻는 것이 아닙니다. 하나님의 선물입니다. ▶로마서 6:23b 부모님이 구하기 어려운 값비싼 선물을 준비해서 자녀에게 건네주는 장면을 생각해 봅시다. 그 선물 안에는 보이지는 않지만 부모님이 땀 흘려 돈을 벌었던 노력, 안 쓰고 아낀 희생, 자녀를 향한 사랑이 담겨 있죠.

그 귀한 선물을 받기 위해서 자녀의 노력이 필요한가요? '엄마의 이 선물을 편하게 받을 수 없사오니, 물구나무를 서서 받겠나이다!', '아빠의 이 선물을 감히 빈손으로 받을 수 없사오니, 앞으로 저의 용돈을 깎으소서!' 하는 사람이 있나요. 선물은 그저 받는 것입니다. 우리는 구원을 받기 위해 하나님을 섬기는 것이 아니라 구원해 주심에 감사해서 하나님을 예배하는 사람들입니다. "우리의 노력이 아닌 오직 하나님의 선물로 구원을 얻었습니다"라고 고백하는 사람들입니다. 영원한 생명을 먼저 선물로 받았으니, 더 감사하고 더 나누고, 더 겸손하게 섬기는 사람들입니다.

3부 왜 세상은 엉망이 되었을까?

"기독교인은 배타적이다"라는 말에 대해서 두 가지를 구분해야 합니다. '내용인가? 태도인가?'를 말이죠. 먼저 내용에 있어서 배타적이라는 말을 듣는 것은 어쩔 수 없습니다. 오늘날 다양한 지식 사회를 살아가고 있지만 타협할 수 없는 지식 내용은 분명히 존재합니다. 예를 들어 '1+1=?'를 생각해 볼까요? 답은 2입니다. 1이 되거나 3이 될 수 없습니다. 이처럼 분명한 지식은 배타적입니다. 좋은 게 좋은 게 아니라 확실한 것이 좋은 것입니다.

종교다원주의라는 말 들어보셨나요? 모든 종교에는 구원을 받을 수 있는 원리가 있다는 것이죠. 한 종교만을 고집하지 말고, 서로의 구원을 인정해야 한다고 말합니다. 등산으로 치면, 서로 올라가는 길(기독교, 불교, 이슬람교, 힌두교 등등)은 달라도 결국 정상(신, 구원)에 도달한다는 것이죠. 언뜻 듣기에는 그럴 듯해 보이지만 아닙니다. 기독교는 예수 그리스도의 죽으심과 부활을 증거합니다. 이것을 부정하면 기독교가 아닙니다. 다른 종교들은 이 사실을 부정합니다. 올라가는 길도 다르지만, 도달하는 목적지도 다른 것이죠. 그럼에도 "서로 같다는 것을 인정하라" 말하는 종교다원주의는 또 하나의 배타적인 종교입니다.

태도에 있어서 배타적이라는 말을 듣는다면 주의를 기울여야 합니다. 예수님은 결코 다른 사람을 배척하지 않으셨습니다. 사랑과 겸손으로 대하셨죠. 이처럼 우리의 태도는 모든 이들에게 선하고 겸손해야 합니다. 특히 기독교 진리를 전할 때도 마찬가지입니다. 베드로는 복음을 전할 때, 내가 더 나은 위치에 있다고 여기는 교만한 자세가 아니라 온유하고 두려워하는 마음과 자세로 임하라고 말합니다(베드로전서 3:15-16a).

한 믿음 여행자의
노란 화살표

01 다른 종교를 가진 친구와 종교에 대한 대화를 할 수 있다면, 어떤 이야기를 나누고 싶나요?

02 성경은 오직 예수님만이 구원받는 길이라고 말합니다. 다른 종교에서 찾아볼 수 없는 기독교만의 진리는 어떤 것들이 있을까요? **(예수님과 관련해서 생각해 봅시다.)**

> 예수께서 그에게 말씀하셨다. "나는 길이요, 진리요, 생명이다. 나를 거치지 않고서는, 아무도 아버지께로 갈 사람이 없다." — 요한복음 14:6, 새번역

03 하나님은 영원한 생명을 선물로 주셨어요. 영원한 생명을 주신 하나님의 사랑을 생각할 때, 우리는 하나님께 무엇을 드릴 수 있을까요?

함께 걷기

11

이단
— 사이비가 판을 친다

거짓 예언자를 조심하라. 그들은 양의 탈을 쓰고
다가오지만 속은 사나운 늑대다. ▶ 마태복음 7:15

지금 제 심정은요....

제 자신이 너무 비참합니다

길을 걷다가 누군가가 설문조사를 해달라는 말에 참여했
는데요. 설문지에 남긴 전화번호로 연락이 와서 함께 밥을 먹
은 뒤로 친해졌어요. 성경 말씀을 같이 공부하자는 말에 의심
없이 따라갔고, 그들이 말하는 것에 홀려서 믿게 되었습니다.

돌아보니 저는 그들과 함께 활동하느라 대학 입시를 포기했고, 부모님과의 관계도 깨어졌습니다. (신천지 탈퇴자)

그때의 선택이 너무 후회됩니다

아는 언니가 댄스를 전문적으로 배워 보지 않겠냐는 말에 어느 동아리에 들어갔는데 사람들이 저를 잘 대해 줬어요. 저절로 마음이 열리더군요. 이분들이 말하는 성경공부를 하게 되었고, 한 교주를 신으로 믿게 되었어요. 열심히 한 덕분에 교주를 일대일로 만나게 되었는데요. 그곳에서 끔찍하게 성적인 피해를 입게 되었습니다. (JMS 탈퇴자)

교회 목사님께 물어볼걸 그랬어요

무료로 영어를 가르쳐 준다는 말에 따라나섰는데요. 잘하면 미국유학도 연결해 주겠다는 말을 듣고서 마음이 열리게 되었어요. 자연스럽게 다니던 교회를 떠나 이들이 말하는 교회를 다니게 되었는데요. 자신들만이 유일하고 참된 교회라는 이야기를 자주 들었어요. 그래서 제가 다니던 교회만이 아니라 다른 교회들도 불신하게 되었어요. (몰몬교 탈퇴자)

저 자신을 용서할 수 없어요

아는 형이 연예인을 보러 가자고 해서 한 행사에 참가했다가 모인 사람들이랑 친해졌는데 알고 보니 같은 교회 사람들이었어요. 사람들과 어울리다 보니 교회에 빠지게 되었는데요. 갈수록 교회에 많은 돈을 바쳐야 했어요. 비싼 물건을 사야 하거나 죽은 조상들을 위해서도 헌금을 해야 했죠. 가슴이 정말 아픈 것은 나도 모르게 사람들을 전도해서 돈을 바치도록 강요하고 있었다는 점이죠. (통일교 탈퇴자)

다시 처음으로 되돌리고 싶어요

봉사활동을 할 만한 곳을 찾다가 한 단체를 알게 되었어요. 동네에서 봉사를 활발하게 하는 곳이었어요. 같이 봉사하는 사람들도 친절하고 다정하게 저를 대해 줬어요. 알고 보니 교회였어요. 일반 교회라기엔 뭔가 이상한 느낌이 들어서 빠져나오려고 했지만 사람들이 쉽게 놓아주지 않았어요. 곧 세상에 종말이 올 것이라고 겁도 줬죠. 두려움에 계속 그곳을 다니게 되었고 결국 가출도 하게 되었죠. (하나님의 교회 탈퇴자)

이단의 위험성

지금까지 소개한 다섯 명의 글은 이단에 빠졌다가 나온 사람들의 고백을 재구성해서 쓴 글입니다. 이처럼 길게 소개한 이유는 우리도 얼마든지 이단에 빠질 수 있는 위험성이 있기 때문입니다. 그 힌트가 이단이라는 말뜻에 담겨 있습니다. 이단은 '끝이 다르다'는 뜻을 지니고 있습니다. 실제로 많은 부분이 기존 교회와 비슷합니다. 찬양과 기도를 하고, 말씀을 듣고, 성경공부를 합니다. 심지어 세례도 주고 성찬식도 합니다. 하지만 끝이 다릅니다. 교묘하게 성경말씀을 꼬아서 자신들의 입맛에 맞게 해석합니다. 동물로 치면 보이는 모습은 비슷한데 꼬리가 다른 것이죠. 꼬리를 감추고 사람들에게 접근해서 때가 되면 자신들의 본성을 드러냅니다. 마치 양의 탈을 쓴 늑대와 같습니다. 지금도 이단들은 온갖 기회를 활용해서 영혼들을 속여 이단에 끌어당기기 위해 발악하고 있습니다.

이단에 빠진 사람들은 잘못된 믿음으로 인해 고통받고 있습니다. 학업이나 취업을 포기하기도 하고, 가출이나 이혼 등으로 가정이 파괴되기도 합니다. 재산을 강탈당하거나 노동을 강요당하기도 합니다. 정작 본인들은 이 현실을 애써 부정할 뿐입니다. '나는 누가 뭐래도 올바른 방향으로 가고 있어.' 정신승리를 하거나, '혹시라도 내가 믿는 저 사람(교주)과 교리가 진짜일 수도 있잖아?!' 두려움으로 올바른 판단이 마비되어 있습니다.

이단이 가져고 있는 특징들

이단은 우리의 영혼에 약삭빠르게 파고들지만, 이들의 특징을 파악하고 있다면 피할 수 있습니다. 크게 세 가지로 알아볼까요?

① 사람을 신이라고 말한다
모든 이단들이 그런 것은 아니지만, 규모가 큰 이단들은 대부분 교주를 신격화합니다. 자신들이 믿는 교주가 다시 오신 예수님이라고 말합니다. 다른 말로 예수님이 교주의 몸을 입고 이 땅에 오셨다는 겁니다. 이런 자칭 예수님이 우리나라만 해도 수십 명이 넘습니다. 이들의 말은 새빨간 거짓말입니다. 부활하신 예수님이 하늘로 올라가셨을 때 천사들이 했던 말과 다르기 때문입니다.

> 너희 곁을 떠나 하늘로 올라가신 이 예수는 하늘로
> 올라가시는 것을 너희가 본 그대로 다시 오실 것이다.
> ▶ 사도행전 1:11

성경은 2천 년 전 예수님 모습 그대로 다시 이 세상에 오실 것이라고 말씀합니다. 한국에 있는 자칭 재림 예수는 모두 꾸며 낸 거짓입니다.

② 성경을 자기 입맛에 따라 해석한다

영어 'Thank you'를 '너는 탱크냐'로, 'Yes I can'을 '그래 나 깡통이다'라고 해석하면 어떨까요? 말은 되지만 뜻은 틀렸죠. 이처럼 이단은 자기의 입맛에 맞게 성경을 해석합니다. 틀린 해석입니다. 그런데 그럴 듯하게 들립니다. 성경에 나오는 비유와 기적을 제멋대로 풀이합니다. 평상시에 성경을 어려워했던 사람들은 매력적으로 느끼기도 하죠. 쉽게 설명하는 것처럼 느껴지니까요. 그런데 틀린 해석입니다. 이런 잘못된 해석을 깔때기처럼 모아서 교주를 신격화하거나 특정한 날짜를

종말 시기로 정하는 데 사용합니다. 심각한 것은 자신들의 상황이 달라지면 언제 그랬냐는 듯이 해석을 바꿉니다. 이들이 거짓인 이유입니다.

③ 자신들만 옳고 다른 곳은 틀렸다고 말한다

이단들이 자주 하는 말이 있습니다. '이런 건 여기서만 알 수 있어요', '다른 곳에서는 이런 것 알지 못해요'. 이런 말속에는 자신들의 단체를 치켜세우는 한편, 다른 교회들을 깔보는 의도가 담겨 있습니다. 오직 자신들에게만 영원한 생명을 얻는 구원이 있다고 주장합니다. 성경이 말하는 구원은 오직 예수님께만 있는 것이지 어느 특정 단체에 달린 것은 아닙니다.

성경과 예수님이 아닌 자기들의 단체가 옳다고 주장하는 것은 거짓입니다.

이단에 빠진 사람들을 보면 가끔씩 이해가 안 될 때가 있습니다. '왜 저렇게 멀쩡해 보이는 사람들이 이단에 빠졌을까?' 하는 생각 때문입니다. 이것은 선입견입니다. 이상한 이단에는 이상한 사람들만 빠질 것이라는 선입견이죠. 실제로 이단에는 가방끈이 긴 사람들도 많고, 사회 지도층들도 많이 있습니다.

이단은 처음에 관계로 접근합니다. 상대에게 신뢰를 준 다음 말하죠. "너에게 정말 꼭 소개시켜 주고 싶은 곳이 있어. 같이 가볼래?" 이미 상대방은 마음이 열려 있기에 이단 교회에 빠지는 것은 시간문제이죠. 이단 종교 전문가인 스티브 하산이라는 분이 있어요. 이분에 따르면 이단이 사람들을 미혹하는 방법이 네 가지로 요약됩니다.

① 행동을 통제한다(**B**ehavior Control)
　　ex) 이성 친구를 만나지 마라
② 정보를 통제한다(**I**nformation Control)
　　ex) 인터넷 하지 마라
③ 사고를 통제한다(**T**hought Control)
　　ex) 의심하지 마라
④ 감정을 통제한다(**E**motional Control)
　　ex) 네가 그러고도 천국 갈 것 같아?

각 이니셜의 앞글자만 따서 '문다'는 뜻의 BITE모델이라고도 합니다. 멀쩡한 사람들도 이런 과정을 거치면 이단에 빠질 수 있습니다. 누구도 예외일 수 없습니다.

**한 믿음 여행자의
노란 화살표**

01 내가 알고 있는 이단이 있나요? 어떤 특징을 가지고 있나요?

02 성경은 누구에게도 현혹되지 말라고 말씀하세요. 이단에 속지 않기 위해서는 지금 속해 있는 교회에 잘 뿌리내리는 것이 필요합니다. 뿌리가 깊으면 바람에 잘 뽑히지 않기 때문이죠. 내가 교회에 잘 뿌리내리기 위해서 더 신경 써야 할 부분은 무엇인가요?

> 예수께서 대답하셨습니다. 어느 누구에게도 현혹되지 않도록 조심하라. 많은 사람들이 내 이름으로 와서 '내가 그리스도다' 하고 주장하면서 많은 사람들을 현혹할 것이다. — 마태복음 24:4-5

03 이단에 빠져 있는 사람들도 하나님께는 잃어버린 양들입니다. 이들의 미혹은 조심하되 피해자들을 위해 기도해야 합니다. 이단에 빠진 영혼들에게는 어떤 기도가 필요할까요?

함께 걷기

12

변장믿음

믿음인 것 같지만 믿음이 아닌 것

> 내게 '주님, 주님' 하는 사람이라고 다 하늘나라에
> 들어가는 것이 아니다. ▶ 마태복음 7:21a

찰리채플린을 아시나요?

할리우드 스타 찰리 채플린. 오래전 사람이지만 오늘날까지도 많은 사람들에게 인기를 끄는 영화배우입니다. 빗자루처럼 삐져나온 콧수염, 부실한 지팡이, 중절모자, 과장되고 우스꽝스러운 걸음걸이가 특징입니다. 이 배우의 캐릭터는 하나의 밈(meme)처럼 남아서 사람들에게 패러디되고 있죠.

찰리 채플린이 한창 활동할 시기에 바쁜 스케줄로 인해서 피로가 쌓였나 봅니다. 잠시 휴식을 취하기 위해서 한적한 시골로 여행을 떠났습니다. 일정 중에 한 마을을 지나가는데 흥미로운 문구를 발견했습니다.

찰리 채플린 흉내 내기 대회

'나를 흉내 내는 대회가 있다고?' 아마도 호기심이 발동했나 봅니다. 본인을 흉내 내는 대회에 자신도 참가하게 됩니다. 자기 자신이 본인의 성대모사를 하는 셈이네요. 막상 대회에 참가하고 보니 참가자들이 흉내에 진심이었습니다. 찰리 채플린과 똑같은 모습을 하고 동작을 펼치고 있었습니다.

자신이 찰리 채플린임을 알리지 않고 대회를 나가 연기를 펼쳤습니다. 원조인 만큼 우승은 당연한 것이었겠죠? 그렇지 않았습니다. 심사결과 겨우 3등에 머물렀습니다. 자신보다 진짜 같은 사람이 두 명이나 더 있었던 셈이죠. 진짜보다 더 진짜 같은 가짜인 겁니다.

진짜 같은 가짜 믿음

이처럼 믿음에 있어서도 가짜 믿음이 있습니다. 진짜보다 더 그럴듯한 가짜 믿음이죠. 이단 종교를 말하는 것 같지만 그렇지 않습니다. 이단은 조금만 신경 써서 들여다보면 가짜라는 것을 어느 정도는 알아차릴 수 있기 때문입니다. 예수님은 믿음이라고 다 같은 믿음이 아니라고 말씀하십니다. 예수님께 '주님' '주님'이라고 외친다고 해서 모두 하나님 나라에 들어가는 믿음은 아니라고 말씀하셨기 때문입니다. ▶ 마태복음 7:21a 지금부터 소개하는 믿음은 얼핏 보면 잘 구별할 수 없을 정도로 진짜 흉내를 내고 있는 짝퉁 믿음입니다.

① (알라딘 램프 요정) 지니 믿음

애니메이션 알라딘에는 매력적인 캐릭터가 등장합니다. 램프 요정 지니죠. 요술 램프를 문지르면 듬직한 거인이 나타나서 "소원이 무엇인가요?"라고 묻습니다. 자신이 원하는 것을 말하면 어떤 힘든 일이라도 척척 해결해 줍니다.

하나님을 램프 요정 지니처럼 생각할 수 있습니다. 소원을 아뢰면 우리에게 복을 주시는 분으로 생각하는 것이죠. 기도에는 '해주세요'가 붙어 있습니다. '시험 잘 보게 해주세요.', '좋은 대학 가게 해주세요', '부자 되게 해주세요' 혹여나 기도에 정성이 느껴지지 않으면 악센트를 줘서 외칩니다. '주씨옵소서!'

오해하지 마세요. 하나님께 복을 구하는 것은 나쁜 것이 아닙니다. 하나님은 우리에게 복을 주시기 원하는 분이세요. 넘치도록 부어 주시기를 원하는 분이세요. 하지만 하나님을 복을 주시는 분 정도로만 믿는다면 지니 이상의 믿음이 될 수 없습니다. 한 예로 친구에게 선물을 주는 것을 생각해 볼까요?

받는 친구가 너무 좋아합니다. 리액션이 좋으면 주는 사람도 보람을 많이 느끼겠죠. 선물이 서로가 더 친해질 수 있는 계기가 됩니다. 그런데 그 친구가 대화하고 친해지는 데는 관심이 없고 선물에만 관심을 가진다면 어떨까요? 나를 볼 때마다 선물을 요구하면 어떨까요? 좋은 관계가 유지될 수 없을 겁니다. 하나님은 우리에게 복을 주시기도 하지만, 하나님 자체가 복이세요. 그분을 믿고 따르는 것이 가장 복된 길입니다.

② 자판기 믿음

자판기는 돈을 지불하고 버튼을 누르면 그에 맞는 물건을 제공합니다. 캔 콜라를 선택하면 캔 콜라를, 컵 음료를 선택하면 컵 음료가 나옵니다. 하나님을 자판기처럼 생각할 수 있습니다. 내가 신앙생활을 열심히 하는 만큼, 하나님도 그에 걸맞는 복을 주셔야 한다고 생각합니다. 마음에는 '~~하면'이 붙어 있습니다. '특별 새벽기도회를 하루도 빠지지 않으면', '큐티 매일 하면', '헌금 많이 하면' 하나님도 보상해 주실 거라고 생각하는 겁니다.

반대의 경우도 있습니다. "하나님이 먼저 잘 해주시면 제가 걸맞게 대우해 드리죠"라고 말하는 것이죠. 일종의 자판기 후불 믿음입니다. 지금까지 학생들을 만나 오면서 다음과 같이 말하는 사람을 많이 보았습니다. "하나님이 저 이번에 원하는 대학을 보내 주시면, 앞으로 신앙생활 열심히 하겠습니다." 하지만 저는 이들 중에 제대로 된 신앙생활을 이어 가는 것을

3부 왜 세상은 엉망이 되었을까?

보지 못했습니다. 자판기 믿음은 거래이지 믿음이 아니기 때문입니다.

동시에 자판기 믿음은 다른 사람을 정죄하게 됩니다. 누군가에게 안 좋은 일이 생기면 신앙생활을 열심히 안 했기 때문이라고 판단합니다. 기도를 충분히 안 했거나 하나님을 충분히 의지하지 않았기 때문이라는 것이죠. 물론 이 정죄는 자신을 향하게 되기도 합니다. 내가 아픈 것은, 실패한 것은 '하나님을 충분히 잘 섬기지 못해서'라고 생각하는 것이죠. 하나님은 거래하는 사장님이 아니라, 우리의 아버지이십니다. 우리의 부족함마저도 사랑하는 분이십니다.

③ 개인 사물함 믿음

개인 사물함은 우리의 물건을 넣어 두고 보관하는 곳이죠. 사물함에 물건을 넣어 두는 동안은 그 물건에 대해 크게 신경 쓰지 않습니다. 만약 가방을 넣어 둔다면, 그동안은 가방을 신경 쓰지 않는 것이죠. 하나님을 사물함처럼 여길 수 있습니다. 주일에 예배를 드리면 믿음은 그것으로 역할을 다한 것이죠. 평일에는 믿음을 생각할 필요가 없습니다. 교회라는 사물함에 넣어 뒀으니까요. 하나님은 우리의 믿음이 주일에만, 교회 안에서만 작동되기를 바라지 않으세요. 평일에도, 교회 밖에서도 하나님 앞에서 살아가기를 바라시죠.

개인 사물함 믿음은 결국 '자기중심'으로 흐르게 됩니다. '나만 문제없으면 돼', '우리 집만 잘 되면 돼!'라고 생각하는 것이죠. 진정한 믿음은 '자기중심'을 넘어서는 것입니다. '내 신앙', '내 가정', '내 교회'만을 중시하는 것이 아니라 예수님을 닮아 가는 것입니다. 자신을 비워서 다른 이들을 위해 기도해 주고, 그들의 아픔을 보듬어 주는 것입니다. 예수님처럼 말입니다.

우리는 하나님에 대해서 의심이 들 때가 있습니다. '하나님은 살아 계시는 것인지?', '나의 기도를 들으시는 것인지?', '나를 사랑하시는 것이 맞는지?' 등등 마음이 혼란스러워질 때가 있습니다.

믿음은 결단입니다. 하나님을 믿겠다는 결단이 있다면 증거는 따라오게 되어 있습니다. 그러나 믿겠다는 결단을 하지 않으면 결국 의심 속에 빠질 수밖에 없습니다. 마음속에 계속해서 의심이 찾아온다면, 나는 하나님을 믿겠다는 결단을 하고 있는지를 점검해 봐야 합니다. 성경에서는 다음과 같이 말씀하세요.

> 믿음이 없이는 하나님을 기쁘게 할 수 없습니다. 그러므로 하나님께 나아가는 사람은 하나님이 계신 것과 하나님은 그분을 간절히 찾는 사람들에게 상 주시는 분임을 믿어야 합니다. ▶ 히브리서 11:6

결단은 마음으로도 하지만 몸으로도 하는 것입니다. 안타까운 것은 하나님에 대해 마음이 멀어지거나 의심이 들 때 몸까지도 멀어지는 것입니다. 기도하는 자리, 성경을 읽는 자리, 예배하는 자리를 떠납니다. 어떤 어려움에도 하나님을 믿겠다는 결단을 '마음과 몸'으로 끝까지 지켜 내야 합니다. 믿음은 그 결단을 먹고 자라기 때문입니다.

**한 믿음 여행자의
노란 화살표**

01 진짜처럼 보이는 짝퉁 물건을 산 적이 있나요? 진짜와 비교해서 어떤 점이 다른가요?

02 성경은 '하나님'을 신뢰하는 마음을 가지라고 말씀합니다. 지금 나는 어떤 부분에서 하나님을 신뢰해야 할까요?

> 주께서 심지가 견고한 자를 평강하고 평강하도록
> 지키시리니 이는 그가 주를 신뢰함이니이다.
> — 이사야 26:3, 개역개정

03 지니 믿음, 자판기 믿음, 개인 사물함 믿음 중에 내게 해당되는 것이 있나요? 있다면 무엇인가요?

함께 걷기

4부

**엉망인
세상에도
답은 있다**

많은 사람을 위하여 자기 목숨을 몸값으로 치러

주려고 왔다. ▶ 마태복음 20:28b, 새번역

공포 그 자체

'공포' 하면 떠오르는 장면이 있으신가요? 영화나 드라마의 한
장면이 떠오를 수도 있고, 실제 경험이 생각날 수도 있겠네요.
어떤 사람은 '통장 잔액을 확인할 때'라거나 '체중계에 올라가
는 순간'이라고 말하기도 합니다.

개인적으로는 신학생 때의 일이 떠오릅니다. 저녁 시간,

자가용을 몰고 학교 정문에 막 들어설 때였습니다. 교문 앞에 눈으로 보고도 믿지 못할 광경이 펼쳐져 있었습니다. 야생 멧돼지가 떼(최소 10마리)로 모여 있었습니다. 보는 순간 머리털이 곤두설 정도로 크고 사나워 보였습니다. 자동차 안에 있었던 것이 천만다행이었죠. 녀석들을 자극하지 않기 위해 후진을 하려는데, 인기척에 놀랐던지 학교 안까지 떼로 달려 들어갔습니다. 이젠 학교 전체가 사파리로 변하게 된 것입니다. 학교 안에 있을 학생들이 위험합니다. 112와 119에 신고하고, 차를 몰아 학교를 돌기 시작했습니다. 길가에 학생들이 보이면 안전한 건물로 피신시키기 위해서였죠. '한 사람이라도 야생동물들과 맨몸으로 맞닥뜨리면 안 된다'는 절박함으로요.

예수님은 왜 그러셨을까?

캠퍼스를 순찰하는 동안 마음 한구석이 불편해지기 시작했는데요. 차로 이동할 수 없는 계단길이나 좁은 골목들이 눈에 들어왔기 때문입니다. '그곳에도 사람이 있으면 어떡하지?' 하는 마음에 차 밖으로 나가 구석구석 살펴보고 싶었지만 그러지 못했습니다. 맨몸으로 야생동물들을 마주할 수도 있는 상황에 나설 용기가 나지 않았거든요. 아무리 다른 사람들을 위하는 마음이 컸더라도, 까딱하면 자신이 해를 입을 수 있다는 공포심이 더 컸던 겁니다.

그 순간 예수님이 떠올랐습니다. 예수님이 걸어가신 십자가의 길도 마치 차를 버리고 맨몸으로 야생 짐승들과 마주하는 것과 같은 공포였기 때문입니다. 성난 짐승 같은 사람들이 예수님께 달려들었습니다. 예수님을 둘러싸서 집단으로 조롱하고 침을 뱉고 때렸습니다. 그것도 모자라 십자가에 못 박았죠. 예수님은 그동안 자신을 보호할 만한 흔한 막대기조차 들지 않으셨습니다. 심지어 천사들을 동원해서 자신을 지킬 수 있었음에도 그렇게 하지 않으셨죠. 약하디약한 어린양의 모습으로 수치와 공포를 겪으신 것이죠. 왜 그렇게 하셨을까요?

아슬란과 에드먼드

《나니아 연대기》에도 비슷한 장면이 나옵니다. 에드먼드라는 소년은 하얀 마녀의 유혹으로 창조주에게 반역하게 됩니다. 마녀의 말을 잘 들으면 자신이 원하는 것을 얻을 줄 알았지만 대단한 착각이었습니다. 도리어 마녀의 손아귀에서 노예처럼 취급받게 되죠. 끝내 돌로 된 탁자에서 죽어야 할 운명이었습니다. 그 돌 탁자에 새겨진 법 때문이었습니다.

죄를 범하는 자는 피를 흘려야 한다.

사자이자 나니아의 왕이었던 아슬란은 에드먼드를 위해서 하나의 선택을 합니다. 자신을 악의 무리에게 내어 주는 것이죠. 아슬란은 사악한 무리들에게 둘러싸여 꽁꽁 묶이게 됩

니다. 털이 깎이고 조롱을 당하게 되죠. "세상에나, 고작 덩치
큰 고양이에 불과했잖아!" 마녀 졸개들의 공격에도 맞서 싸우
지도 않았습니다. 결국은 돌로 된 탁자 위에서 마녀에게 죽임
을 당합니다. 왜 그렇게 했을까요? 나니아에는 또 다른 법이
있었기 때문입니다.

> 죄 없는 자가 죄인을 대신해서 죽으면 돌 탁자(죄의 저주)는
> 깨어지고 모든 것이 회복된다.

아슬란은 에드먼드의 죄를 대신해서 몸값을 지불한 것입
니다. 그 결과 에드먼드와 마녀에게 잡혀 있는 노예들과 세상
이 자유를 얻게 됩니다. 아슬란의 희생으로 온 세상이 회복되
었죠.

하나님의 법

《나니아 연대기》의 작가인 C. S. 루이스는 우리에게 진정한 믿
음 여행에 대해 알려 주고 싶었던 것 같아요. 나니아 나라는 하
나님 나라를, 아슬란은 예수님을 떠오르게 하기 때문이죠. 성
경에 새겨진 하나님의 법을 알아볼까요.

> 피 흘림이 없으면 죄 사함도 없습니다.
> ▶ 히브리서 9:22b

죄는 반드시 대가를 치러야 합니다. 하나님은 의로운 분이셔서 죄를 못 본 체하시거나 없는 것처럼 여기실 수 없기 때문입니다. 정확하게 말해 하나님은 죄에 대해 분노하십니다. 만약 누군가가 허락 없이 내 물건을 건드리거나 가져간다면 화가 나지 않을까요? 만약 누군가가 화가의 작품에 낙서를 하거나 훼손한다면 분노하지 않을까요? 죄는 이 정도가 아닙니다. 죄는 하나님으로부터 사랑하는 자녀들을 빼앗아 갔고, 비참하게 만들었습니다. 완벽한 작품인 세상을 무참히 망가뜨려 놓았습니다. 의로우신 하나님은 죄를 반드시 벌하셔야만 했습니다.

스스로를 구할 수 없는 우리

사람들은 죄의 문제를 해결하기 위해 많은 노력을 기울이고 있습니다. 가난한 이웃을 돕고 도움이 필요한 사람들을 위해 착한 일을 합니다. 종교생활에 심취해서 열심히 도를 닦습니다. 철학이나 인문학을 공부해서 사람에 대한 많은 지식을 얻으려고도 합니다. 이 모든 것이 나쁘다고 할 수 없지만 하나님의 기준에 도달하기에는 턱없이 부족합니다. 사람은 감기에 걸리면 감기약을 먹어야 하고, 암에 걸리면 수술을 해야 합니다. 이 노력들은 마치 암에 걸렸는데 감기약을 먹고 있는 것과 같습니다. 우리는 스스로를 구할 수 없습니다.

유일한 이름, 예수 그리스도

우리는 죄의 문제를 해결할 수 없는 걸까요? 예, 없습니다. 그래서 예수님이 오셨습니다.

> (나는) 많은 사람을 위하여 자기 목숨을 몸값으로
> 치러 주려고 왔다. ▶ 마태복음 20:28b, 새번역

　　우리는 죄 문제에 대한 명확한 답을 가지고 있습니다. 아니 유일한 답을 알고 있습니다. 바로 예수님입니다. 죄가 없으신 예수님이 우리의 죄를 '대신해서' 피 흘리심으로 죄는 박살났습니다. 공의로우신 하나님의 기준을 채우셨습니다. 다시 말해 하나님과 우리의 관계가 회복되었습니다. '이로 인해서' 망가진 이 세상이 회복되기 시작합니다. 우리의 진정한 믿음 여행은 예수님이 우리를 '대신해서 하신 일'을 기억하는 여행입니다.

① 우리의 죄악이 얼마나 큰가를 보여 줍니다

십자가 처형은 지금껏 알려진 사형 방법 중에 가장 잔인한 것으로 알려져 있습니다. 두 팔과 다리에 못이 관통하는 고통은 물론, 숨이 끊어지는 순간까지 엄청난 진통을 겪어야 합니다. 어떤 사람은 짧게 몇 시간, 길게는 일주일 가까이 십자가에 매달려 고통을 겪는다고 알려져 있죠. 많은 경우에 쇼크로 숨을 거둔다고 합니다. 성경에 의하면 나무에 매달린 자는 하나님께 저주를 받은 자입니다(신명기 21:23b). 예수님은 우리를 대신해서 십자가에 매달려 저주를 받으신 것이죠. 예수님이 잔인한 십자가에 매달리신 이유는 우리의 죄악이 그만큼 크다는 것을 보여 줍니다.

② 우리가 얼마나 사랑받는 존재인가를 알려 주십니다

십자가가 우리의 죄악이 얼마나 큰지를 알려 준다면, 동시에 우리를 향한 하나님의 사랑이 얼마나 큰지를 보여 줍니다(로마서 5:8). 여러분은 마음에 드는 친구를 위해서 얼마나 잘 대해 줄 수 있나요? 용돈을 아껴서 선물을 사줄 수도 있고, 치킨을 쏠 수도 있겠죠. 그런데 내게 피해를 주거나 무시하는 친구를 위해서 얼마나 잘 대해 줄 수 있나요? "똑같이 갚아 줘야 한다"고 말할지도 모르겠네요. 하나님은 자신을 떠나 죄에 빠진 사람들을 위해 가장 소중한 아들, 예수님을 보내셔서 십자가에서 희생시키셨어요. 그만큼 우리를 사랑하신 것이죠. 하나님은 우리를 얼마나 사랑하실까요? 답은 '십자가'만큼입니다.

한 믿음 여행자의
노란 화살표

01 이제껏 살아오면서 무섭다고 느낀 경험은 무엇인가요?

02 성경은 하나님이 우리를 사랑하셔서 예수님을 주셨다고 말씀합니다. 아슬란이 에드먼드를 위해 희생한 것처럼 말이죠. 내가 만약 에드먼드라면 그 후로 어떻게 살았을까요?

> 우리가 아직 죄인이었을 때 그리스도께서 우리를 위해 죽으심으로 하나님께서는 우리에 대한 그분의 사랑을 나타내셨습니다. ― 로마서 5:8

03 내가 감독이 되어 '십자가'라는 제목의 드라마를 찍는다면, 마지막 엔딩은 어떻게 장식하면 좋을까요?

함께 걷기

복음

ㅡ 우리의 믿음 여행은 이미 승리했다!

내가 너희에게 이런 것들을 말하는 것은 너희가

내 안에서 평안을 누리게 하려는 것이다. 너희가

이 세상에서는 고난을 당할 것이다. 그러나 담대하라.

내가 세상을 이미 이겼다. ▶ 요한복음 16:33

좋은소식(Good news)

엄마 曰   오늘 아빠 보너스 받아 오셨네?!

선생님 曰   너 이번에 성적이 좀 올랐더라?

친구 曰   네가 좋아하는 그 여자애(혹은 남자애), 얼굴 안 본대.

엄마, 선생님, 그리고 친구의 말은 어떤 공통점을 가지고 있습니다. 그것이 무엇일까요? 바로 좋은 소식(Good news)입니다. 반대 상황이 된다면 나쁜 소식(Bad news)이 될 수도 있겠죠. 그렇다면 이런 소식은 어떨까요?

엄마 曰 오늘 아빠가 로또 1등 당첨됐대!
선생님 曰 너 이번에 원하는 대학 수석 합격이래!
친구 曰 네가 좋아하는 그 여자애(혹은 남자애)도 너를 좋아한대!

이것은 더 좋은 소식입니다. 우리에게 크고 작은 영향을 줄 수도 있는 소식이죠. 아빠의 로또 당첨으로 내가 원하는 물건을 갖게 되거나 집을 이사할 수도 있으니까요. 그리고 앞으로 일어날 일을 더 기대하게 만듭니다. 대학교에 들어가서 펼쳐질 일들을 기대하게 만들죠. 이처럼 좋은 소식은 우리에게 변화를 가져다주고, 미래를 기대하게 만듭니다.

황제의 복음

지금은 좋은 소식, 즉 복음이라는 말이 기독교에서 주로 사용하는 용어가 되었지만 원래는 전쟁에서 사용하는 말이었습니다. 로마 황제가 전쟁터에 나가서 승리합니다. 그 승리의 소식을 전달하는 병사가 로마 시민들에게 달려가 외칩니다. "여러분, 복음(좋은 소식)입니다! 황제가 승리하셨습니다!"

이 복음은 당시 시민들에게 변화를 가져다주었을 겁니다. 더 이상 결과를 기다리면서 초조해할 필요도 없고, 두려워할 필요도 없습니다. 더불어 미래를 기대하게 만들었을 겁니다. 지금보다 더 나아질 일만 남았으니까요. 황제의 복음은 로마 시민들도 승리자로 만들었습니다.

예수님의 복음

성경에서는 예수님이 하신 일을 설명하기 위해서 복음이라는 단어를 빌려서 사용했습니다.

"여러분, 복음입니다! 예수님께서 세상을 이기셨습니다!" 예수님도 성경에서 말씀하셨죠.

> 내가 너희에게 이런 것들을 말하는 것은 너희가 내 안에서 평안을 누리게 하려는 것이다. 너희가 이 세상에서는 고난을 당할 것이다. 그러나 담대하라. 내가 세상을 이미 이겼다. ▶ 요한복음 16:33

"예수님이 세상을 이기셨습니다!" 이 복음을 처음 접했던 교회의 현실은 로마 시민들과 달리 비참했습니다. 예수님을 믿는다는 이유만으로 고난을 당해야 했죠. 친구들과 가족들에게 배척을 당하기도 했습니다. 사람들에게 폭행을 당하거나 죽임을 당하기도 했죠. 한 찬양의 가사처럼 '희생과 포기와 가난과 고난'이 믿는 이의 일상이었습니다. 겉으로 볼 때는 예수님이 승리하기는커녕 실패한 것처럼 보였을 겁니다. 하지만 믿는 이들은 승리한 백성처럼 살았습니다. 눈에 보이는 것(고난, 핍박)을 믿기보다 예수님이 하신 일을 믿었기 때문입니다.

#십자가 _ 십자가에서 죽으심으로 죄의 문제를 해결하셨다.
#부활 _ 죽음을 이기시고 무덤에서 나와 부활하셨다.

역사상 어떤 황제도 죄에 빠져 있는 사람을 구원하지 못했습니다. 더욱이 죽음을 이기지 못했습니다. 모두 병들고 아프고 죽었죠. 오직 한 분만이 죄와 죽음을 이기셨습니다. 바로 예수님입니다. 예수님이 진정한 승리자이신 겁니다. 이 복음은 그리스도인들도 진정한 승리자로 만들었습니다. 그래서 그리스도인들은 고난과 핍박 중에도 굴복하지 않았던 겁니다.

승리의 자리에서 현실을 보다

우리는 현실에서 어려움을 겪을 수 있지만 예수님의 승리하심은 변함이 없습니다. 한 예로 2002년 월드컵을 들 수 있습니다. 지금의 십대들은 태어나지도 않았을 때죠. 하지만 이때의 스토리를 모르는 사람은 별로 없을 겁니다. 대한민국 최초로 4강에 올랐었기 때문이죠.

가장 극적인 장면은 이탈리아와의 경기에서 나왔습니다. 당시 이탈리아는 강력한 우승후보였습니다. 허나 뛰어난 실력만큼 훌륭한 에티켓을 지니진 못했던 것 같아요. 경기를 앞두고 상대적으로 약팀인 우리나라 선수들을 공개적으로 조롱하기도 했습니다.

경기가 시작되고 황금 같은 기회가 찾아왔습니다. 상대편의 반칙으로 안정환 선수가 패널티 킥을 차게 됩니다. 골문 바로 앞에서 골키퍼와 1 대 1로 대결하는 것이죠. 그러나 모두의 기대를 뒤로하고 골을 넣지 못합니다. 설상가상으로 곧이어 이탈리아 선수에 의해 한 골을 먹히고 맙니다. 그때 대한민국 전체가 용광로처럼 뜨거웠습니다. 실망한 사람들이 화를 내며 소리를 지르기도 하고, TV를 꺼버리기도 했습니다. 다행히 경기가 끝나기 직전에 설기현 선수의 동점골로 연장전에 들어갑니다. 결국 안정환 선수의 헤딩골로 2 대 1 승리를 하게 됩니다. 사람들은 함성을 지르며 거리로 쏟아져 나왔습니다. 대한민국 전체의 감동적인 승리였기 때문입니다.

지금도 당시의 경기 영상은 레전드로 꼽히며 월드컵 시즌이 돌아올 때마다 단골메뉴처럼 리플레이되고 있습니다. 예전 영상을 보는 동안 사람들은 골을 먹을 때 더 이상 낙담하지 않습니다. 안정환 선수가 실패하는 장면에서도 화를 내거나 소리를 지르지 않습니다. 한국 선수들이 쓰러지고 실수해도 절망하지 않습니다. 이미 끝을 알고 있기 때문입니다. 이미 승리했음을 알고 경기를 대하면 실패와 고난으로 좌절에 빠지거나 절망하지 않습니다.

예수님의 복음이 우리의 복음이다

우리는 믿음 여행 중에 여러 장애물을 만납니다. 친구와의 갈등으로 피곤한 시간을 지나기도 하고, 억울한 오해로 사람들의 미움을 받기도 합니다. 다칠 수도 있고, 누군가(혹은 무언가)를 멀리 떠나보냈을 수도 있습니다. 일상생활이 어려울 수도 있고, 교회생활이 힘들 수도 있습니다. 이 외에도 장애물들은 무수히 많겠죠. 하지만 기억해야 합니다. 그 어떤 것도 우리를 낙인찍을 수 없습니다. 우리를 넘어뜨리거나 포기하게 만들 수 없습니다. 세상을 이기신 예수님의 복음에 우리도 초대되었기 때문입니다. 장애물이 가득한 세상에서도 우리의 미래는 소망으로 가득합니다. "예수님이 이미 이기셨습니다!"

매스컴에서 기독교인들이 안 좋은 일들에 연관된 소식들을 접하면 가슴
이 아픕니다. 여러분도 마찬가지겠죠. 이런 뉴스를 접할 때마다, 질문처
럼 "기독교 자체에 문제가 있기 때문이 아닌가?"라는 의문이 생길 수도
있겠다는 생각이 듭니다.

사람들은 길거리를 걸어가다 가끔씩 무단 횡단을 합니다. 차가 오
는데도 말이죠. 사람들이 무단횡단을 하는 이유는 도로교통법이 불완전
해서일까요? 아닙니다. 그 법을 행하지 않은 사람이 불완전한 것이죠.

그럼 무단 횡단을 하지 않으려면 어떡해야 할까요? 우선 도로교통
법에 담긴 깊은 의미를 잘 알아야 하겠죠. '왜 무단 횡단을 하면 안 되는
지', '매년 무단 횡단으로 인해 얼마나 많은 사람들이 희생되는지' 같은
내용을 되새긴다면 교통법을 지키는 데 도움이 되지 않을까요? 그리고
또 하나! 만약 실수했더라도 포기하지 않고 계속 노력한다면 나아지지
않을까요?

기독교인으로서의 삶도 마찬가지입니다. 하나님의 말씀이 무엇인
지, 그 깊은 내용이 무엇인지를 알아 간다면 믿음의 삶을 실천하는 데 큰
도움이 될 겁니다. 또 하나! 연약해서 실수했더라도 포기하지 않고 다시
일어나 노력한다면 갈수록 성장할 수 있을 겁니다.

01 지금 나의 상황에서 가장 좋은 소식은 무엇일까요?

02 성경은 마지막 날에 예수님이 다시 오셔서 우리의 눈물을 닦아 주시고, 세상의 상처(**죽음, 슬픔, 고통**)를 사라지게 하실 것이라고 말씀합니다. 나는 나의 어떤 상처가 사라지길 기대하나요?

> 그들의 눈에서 모든 눈물을 닦아 주실 것이며 더 이상 죽음이 없고 다시는 슬픔이나 우는 것이나 아픈 것이 없을 것이다. — 요한계시록 21:4a

03 "예수님이 승리하셨습니다!"라는 말이 믿어지지 않을 때는 언제인가요?

함께 걷기

15 부활

— 부활을 안 믿는 게 더 이상하다

> 그리스도께서 살아나지 않으셨다면, 여러분의
> 믿음은 헛된 것이 되고, 여러분은 아직도 죄 가운데
> 있을 것입니다. ▶ 고린도전서 15:17, 새번역

부활을 믿게 할 수 있는 완벽한 방법

사람들에게 부활을 믿게 하는 완벽한 방법을 마련하기 위해
위원회가 만들어졌습니다. 그 이름도 찬란한 '부활 믿음 프로
젝트'입니다. 각 분야의 전문가들이 모여 어떻게 하면 부활을
믿게 할 수 있을지 전략을 나눕니다(가상의 이야기입니다).

A 변호사(가부장형)   예수님의 부활을 처음 본 증인은 반드시 남자여야 합니다. 왜냐하면 지금 우리 법정(1세기, 유대인의 법)에서는 여성의 증언이 법적으로 효력이 없기 때문입니다. 만약 여성이 "예수님이 부활하신 것을 봤어요!"라고 말한다면, 사람들은 믿지 않으려고 할 겁니다. 부활을 믿도록 하기 위해서는 여성이 아닌 남성이 첫 증인이 되어야 합니다.

B 기자(인기형)   예수님의 부활을 전할 제자들은 '인플루언서'이어야 합니다. 사람들은 자신보다 유명하거나 뛰어난 사람들의 말을 귀담아 듣는 경향이 있죠. 제자들이 "예수님이 부활하셨어요!"라고 업로드하면 수많은 사람들이 '좋아요'와 '하트'를 눌러 주면 더 먹혀들지 않을까요? 그러기 위해서는 제자들이 아이돌에 버금가는 유명하고 인기 있는 사람들이어야 합니다.

C 소설가(환각형)   제자들에게 예수님의 부활을 기대하도록 만들어야 합니다. 사람이 간절히 바라고 기대하면 헛것이 보이기도 하잖아요?! 일종의 환각이죠. 배고플 때 음식이 간절해지면 하늘에 떠 있는 구름이 치킨으로 보이고, 지나가는 자동차가 햄버거로 보이는 것처럼요. 예수님이 부활하셨다고 착각하게 되면 사람들에게 확신에 차서 전할 수 있지 않을까요?

D 군인(행동형) 예수님의 무덤을 지키는 사람을 허약한 사람으로 세우면 어떨까요? 그럼 힘으로 협박하거나 돈으로 유혹해서 입을 다물게 한 다음, 예수님의 시체를 훔치는 거죠. 그리고 어딘가에 숨겨 놓고서 "예수님이 부활하셨다!"라고 말하면 되지 않을까요? 그러기 위해서는 무덤을 지키는 사람들이 허술할수록 유리합니다.

부활, 전략을 빗나가다

부활 믿음 프로젝트의 의견이 어떤가요? 그럴 듯하게 느껴집니다. 하지만 예수님의 부활은 다섯 가지의 전략을 모두 빗겨나갔습니다. (A) 예수님의 부활을 가장 처음 발견한 사람은 남성이 아닌 여성이었죠. 당시 사회는 슬프게도 여성의 말을 중요하게 여기지 않았습니다. 사람들이 부활을 사실로 받아들이기에는 치명적인 약점이었죠.

(B) 예수님의 부활을 전한 제자들은 인플루언서가 아니었습니다. 평범하거나 아웃사이더들이었죠. 사람들에게 주목을 받을 만한 권력이나 인품을 지닌 것도 아니었습니다. 도리어 예수님이 십자가에 못 박히실 때 자신들도 해를 입을까 걱정하며 도망갔던 겁쟁이였습니다. (C) 그렇다고 제자들이 예수님의 부활을 기대한 것으로는 보이지 않습니다. 부활하신 예수님이 그들을 찾아가셨을 때도 기뻐하기보다는 당황했습니다. 그들도 처음에는 믿을 수 없었던 것이죠. 심지어 도마라는

제자는 예수님이 살아나셨다는 소식에도 "내 손가락을 그분의 손 못 자국에 넣어보지 않고는 못 믿는다!"라고 말했을 정도였으니까요. (D) 예수님의 무덤을 지켰던 사람들은 결코 허약한 사람들이 아니었습니다. 지키는 일을 전문적으로 하는 군인(경비병)이 최선을 다해 버티고 있었습니다. 예수님의 부활은 사람들을 설득하기 위해 꾸며낸 이야기가 아니라 (설득할 필요가 없는) 실제 사건임을 알 수 있습니다.

거짓은진실이될수없다

미국의 닉슨 대통령은 임기 중에 사임한 대통령으로 유명합니다. 미국 역사상 처음으로 대통령직을 중간에 그만둔 것이죠. 그 이유는 자신의 정치적 라이벌 사무실에 도청장치를 설치하도록 지시한 사실이 드러났기 때문입니다. 한마디로 부정행위가 발각된 겁니다. 처음 사건이 드러날 때만 해도 대통령이 그만두게 되리라고는 누구도 상상하지 못했습니다. 닉슨은 엄청난 국민적 지지를 얻고 있었고, 그의 주위에는 미국 최고의 브레인들이 있었으니까요. 이들은 자신들이 모시는 대통령을 지키기 위해서라면 어떤 희생도 감당할 준비가 되어 있었죠. 실제로 이들은 대통령의 잘못을 숨기기 위해 밤낮으로 머리를 맞대고 전략을 짰습니다. 하지만 얼마 못 가 대통령과 이들의 거짓이 모든 이들에게 드러났습니다. 결국 대통령은 내려오게 되었죠. 미국 최고의 권력과 브레인들도 그들의 잘못을 숨기지 못했습니다. 그 이유는 거짓이었기 때문입니다. 당시 부하들은 본인들이 감옥에 갈 상황에 처하자 목숨처럼 모시던 대통령을 배신하고 버렸습니다. 거짓은 거짓일 뿐 진실이 될 수 없었던 겁니다.

진실은 거짓이 될 수 없다

"예수님이 부활하셨습니다!" 외쳤던 제자들은 닉슨 대통령의 최측근들처럼 똑똑한 사람들도, 권력을 지닌 사람들도 아니었죠. 그 사회의 아웃사이더에 가까운 사람들이었습니다. 만약 제자들이 머리를 맞대고 예수님의 부활을 거짓으로 꾸몄다면 얼마 못 가 들통났을 겁니다. 서로 말이 안 맞거나 누구 한 사람은 배반했을 것이기 때문이죠. 하지만 제자들과 오백여 명의 사람들은 예수님의 부활을 끝까지 증거했습니다. 체포되고 위협당해도, 심지어 죽임을 당해도 부인하지 않았습니다. 그 이유는 예수님의 부활이 진실이었기 때문입니다.

예수님의 부활을 안 믿는 게 더 이상하다

너무 이상하지 않나요? 제자들은 예수님이 십자가에 달리실 때만 해도 두려워서 도망 갔던 사람들입니다. 그런데 부활하신 예수님을 만나고 난 후에는 모두들 완전히 딴 사람처럼 바뀌었습니다. 권력자들이 칼을 들이대며 "예수의 부활이 거짓이라고 한 마디만 하면 살려주마"라고 협박해도 제자들은 기꺼이 죽음을 택했습니다. 이들이 겁을 상실해서일까요? 아닙니다. 예수님의 부활은 진실이었기 때문입니다. 진실은 죽음으로도 막을 수 없었던 것입니다.

바울은 길을 가는 중에 부활하신 예수님을 만나게 됩니다. 그전까지는 예수님을 믿지 않았죠. 그날 이후부터는 아주 열정적으로 복음을 전하는 사도가 되었죠. 당시에 한 교회에는 예수님의 부활을 믿지 않는 사람들이 있었어요. (지금도 있을 수 있겠죠?) 바울이 그들에게 보내는 편지에 다음과 같이 썼습니다.

> 그리스도께서 살아나지 않으셨다면, 여러분의
> 믿음은 헛된 것이 되고, 여러분은 아직도 죄 가운데
> 있을 것입니다. ▶ 고린도전서 15:17, 새번역

'부활을 안 믿는 게 더 이상한 거 아닌가요?' 부활이 없다면, 우리는 헛된 종교생활을 하고 있는 것입니다. 예수님의 부활은 실제입니다. 이제껏 한 번도 무너지지 않은 진실입니다.

실제로 이런 주장이 없었던 것은 아닙니다. 예수님이 십자가에서 완전히 죽으신 것이 아닐 수도 있다는 가설이죠. 잠시 기절하셨다가 무덤에서 깨어나셔서 제 발로 걸어 나오셨다는 것이죠. 그 후에 "잠수 타신 것을 부활하셨다고 주장한 것일 수 있다"는 주장입니다. 실제로는 부활이 없었다는 의도입니다.

아주 신선한 발상입니다. 하지만 이 주장이 맞을 가능성이 없습니다. 많은 사람들이 예수님이 숨을 완전히 거두는 것을 목격했고, 최종적으로 옆구리에 창을 찔러서 확인 사살까지 했기 때문입니다.

결정적으로 예수님이 기절했다가 깨어나셔서 잠수 타셨다는 증거와 증인은 없습니다. 반면에 부활하신 예수님을 직접 목격했다는 증거와 증인은 너무나 많습니다. 그 증인들은 예수님의 부활을 전하다가 기꺼이 목숨까지 잃었습니다. 상식적으로 진실이 아닌 것을 위해 약간의 희생을 할 수 있지만 목숨까지 걸 수는 없었겠죠. 거짓을 위해 자신의 고통을 감수하고 귀한 생명을 잃을 수는 없을 테니까요.

예수님의 부활은 증거와 증인이 확실한 분명한 진실입니다.

한 믿음 여행자의
노란 화살표

01 내가 알고 있는 일들 중에, 진실인 줄 알았던 것이 거짓으로 드러난 일은 무엇인가요?

02 성경에서 부활을 의심했던 제자 도마를 찾아가신 예수님의 말씀입니다. 우리가 '부활하신 예수님을 직접 확인하지 않아도' 믿을 만한 증거는 많습니다. 누군가 부활을 의심한다면 나는 어떤 증거를 말해 줄 수 있을까요?

> 예수께서 도마에게 말씀하셨습니다. "너는 나를 보았기 때문에 믿느냐? 보지 않고도 믿는 사람은 복이 있다."
> — 요한복음 20:29

03 우리가 예수님의 부활을 확실하게 믿을 때, 어떤 힘을 얻을 수 있을까요?

함께 걷기

사명과 회복

一 우리가 이 세상에 있는 이유는 무엇일까?

하나님께서 그들에게 복을 주시며 그들에게
말씀하시기를 "자식을 많이 낳고 번성해 땅에
가득하고 땅을 정복하라. 바다의 물고기와
공중의 새와 땅 위에 기는 모든 생물을 다스리라"
하셨습니다. ▶ 창세기 1:28

토비아스의 우물

사막 한가운데 자리 잡은 작은 마을이 있었습니다. '사막에 있
는 마을' 하면, 무엇이 가장 부족할까요? 바로 물입니다. 물을

구하기 어려운 환경일 테니까요. 하지만 이 마을에 사는 사람들은 전혀 걱정이 없었습니다. 마을에 있는 우물의 주인인 토비아스 때문이었습니다. 토비아스는 물이 필요한 사람들에게 공짜로 물을 사용할 수 있도록 했습니다.

어느 날 토비아스는 아들과 함께 여행을 떠나며 우물 관리를 한 하인에게 맡겼습니다.

내가 물을 거저 주었듯이, 자네도 사람들에게 이 물을 거저
　나눠 주게나.

하인은 처음에는 주인의 말에 따라 사람들에게 물을 나눠 주었습니다. 하지만 시간이 지나 점점 하인의 태도는 바뀌었습니다. 자신의 마음에 드는 사람들에게만 물을 주기 시작했습니다. 인사를 잘하거나 선물을 갖고 오는 사람에게만 물을 주었던 것이죠. 그렇지 않은 사람에게는 주지 않았고요. 하인이 이렇게 거들먹거리는 동안 우물의 의미는 망가지게 되었습니다.

하인의 이런 자기중심적인 태도는 끝내 종말을 맞게 됩니다. 토비아스의 아들이 여행에서 돌아왔기 때문입니다. 토비아스의 아들은 하인의 잘못을 꾸짖었습니다. 다시 그 우물은 예전처럼 누구든지 찾을 수 있도록 회복되었습니다.

토비아스 우물, 우리의 이야기

맥스 루케이도가 쓴 동화 《토비아스의 우물》에 나오는 이야기입니다. 작가는 믿음 여행을 하는 우리를 위해 글을 쓴 것 같아요(실제로 목사님이기도 하고요). 토비아스는 하나님을, 토비아스의 아들은 예수님을, 그 하인은 우리를 상징합니다. 이처럼 하나님은 이 세상을 만드시고 사람에게 맡기셨어요.

> 하나님께서 그들에게 복을 주시며 그들에게
> 말씀하시기를 "자식을 많이 낳고 번성해 땅에
> 가득하고 땅을 정복하라. 바다의 물고기와
> 공중의 새와 땅 위에 기는 모든 생물을 다스리라"
> 하셨습니다. ▶ 창세기 1:28

그럼, 여기에서 질문을 해볼게요. 말씀에서 "땅을 정복하라", "모든 생물을 다스리라"는 어떤 뜻을 담고 있을까요?

1. 네 마음대로 해라
2. 세상의 중심이 되어라
3. 세상을 보호하고 돌보아라
4. 세상이 너를 우러러보게 만들어라

정답은 3번 "세상을 보호하고 돌보아라"라는 뜻이 담겨 있습니다. 하나님은 사람들에게 세상을 보호하고 돌볼 수 있도록 맡기셨습니다. 다른 말로 매니저로 세우신 것이죠.

망가진 매니저, 망가진 세상

첫 번째 매니저였던 아담과 하와는 처음 얼마 동안 잘하는 듯했지만 얼마 지나지 않아 마음이 바뀌게 됩니다. 매니저가 아니라 주인 노릇을 하고 싶었던 것이죠. 선악과를 먹고 '주인장 타이틀'을 얻으려고 했지만, 결과는 에덴동산에서 쫓겨나는 것이었습니다.

　매니저가 무너지면서 세상도 덩달아 무너졌습니다. 일종의 도미노 효과죠. 매니저가 아니라 주인 행세를 하려는 순간 하나님과의 관계와 다른 사람들과의 관계, 이 세상과의 관계가 깨어지는 결과를 낳게 된 겁니다. 보호하고 돌보기보다는 자기중심적으로 이용해 먹고 때론 파괴를 일삼게 되었습니다. 그 결과로 이 세상은 불의, 추악, 탐욕, 악의, 시기, 살인, 분쟁, 사기, 악독▶로마서 1:29으로 얼룩지게 된 것이죠. 더불어 자연과 생태계도 파괴되어 가고요.

예수님의 회복

토비아스의 아들을 기억하시나요? 그 아들이 마을로 오면서 우물은 다시 회복됩니다. 마찬가지로 예수님이 이 땅에 오셔서 하신 일은 회복케 하는 일이었습니다. 원래대로 되돌리는 일이죠. 우리가 흔히 하는 오해가 있어요. 예수님이 이 땅에 오신 것은 단순히 십자가에서 죽기 위해서라고 생각하는 것입니다. '나 개인'을 구원하기 위해서요. 오답은 아니지만 만점은 아닙니다. 예수님은 '나'를 포함한 (망가진) 이 세상 전체를 회복하기 위해 오셨습니다. 사람과 하나님과의 관계, 사람과 다른 사람들과의 관계, 사람과 이 세상과의 관계를 회복시키셨죠.

우리의 사명

우리가 이 세상에 있는 이유(사명)가 무엇일까요? 잘 먹고 잘사는 것? 좋은 학교와 좋은 직장, 많은 돈, 좋은 평판을 얻기 위해 사는 것일까요? 아니면 다른 사람들과 비교해서 최소한 루저가 되지 않는 것일까요? 아닙니다! 기독교는 자기 자신과 가족을 뛰어넘는 것입니다. 예수님은 이 세상을 회복하는 일에 우리를 부르시기 때문입니다. 이 세상이 하나님 안에서 회복할 수 있도록 보호하고 돌보는 사명 말입니다.

하나님께서 당신을 통해 메마른 땅에

세상에 처음 교회가 세워졌을 때(약 2천 년 전), 그리스도인들은 세상을 회복하는 데 힘쓰기 시작했습니다. 로마에 전염병이들이닥칠 때가 있었습니다. 심할 때는 전 인구의 3분의 1이 희생당한 적이 있었죠. 사람들이 아픈 사람을 내쫓고 버릴 때, 그리스도인들은 끝까지 환자들을 돌보았습니다. 심지어 자신의 목숨이 위험할 때도 포기하지 않았죠. 그리스도인들이 들어가는 곳마다 여성들의 인권이 보장될 수 있도록 싸웠고, 어린이들이 제대로 된 교육을 받을 수 있도록 학교를 세웠습니다. 현재도 보이지 않는 곳에서 연약한 사람들을 돌보며 복음을 전하고 있습니다. 세상에 교회가 사라진다면, 세상의 복지가 무너질 것이라는 말이 있을 정도로 그리스도인들은 곳곳에서 헌신하고 있습니다. 굳이 티를 내지 않을 뿐입니다.

'하나님께서 당신을 통해 메마른 땅에 샘물 나게 하시기를 가난한 영혼, 목마른 영혼 당신을 통해 주 사랑 알기 원하네' 이 축복송의 가사처럼, 우리는 세상을 회복케 하는 사람입니다.

사명과 직업은 같은 것이 아닙니다. 사명은 달라지지 않는 반면, 직업은 언제든지 달라질 수 있기 때문이죠. 만약 사명과 직업이 같은 것이라면, 직업이 바뀔 때마다 사명도 바뀌는 것이겠죠? 그리고 일을 그만두면 사명도 사라지게 되는 것이죠. 하지만 사명은 직업보다 훨씬 큽니다.

어떤 사람들은 기독교인으로서 좋은 사명자가 되기 위해 좋은 직업을 가져야 한다고 말합니다. 사람들 사이에서 선망의 대상이 될 수 있는 전문직이나 고위직 직업을 가져야 한다고 말이죠. 좋은 직업을 가지는 것은 좋은 일입니다. 그러나 좋은 사명자가 되는 것은 아닙니다. 좋은 사명자란 부르신 곳이 어디든 상관없이 회복케 하는 자리에 있는 사람입니다. 하나님의 마음으로 보호하고 돌보는 일이죠.

요셉을 예로 들어 볼까요? '요셉' 하면, 총리를 떠올리는 사람이 많습니다. 그러나 요셉은 총리이기 이전에 사명자였습니다. 노예의 자리에서나, 감옥 안에서나, 총리의 자리에서나 변함없이 부르신 곳에서 회복케 하는 자리에 머물렀죠.

요셉에게 있어서 총리의 자리에 올라가는 것은 큰 관심사가 아니었을지도 모릅니다. 사람들이 선망하는 자리에 있든 아니든, 관심을 받는 자리든 아니든 상관없이 하나님의 마음으로 보호하고 돌보는 일에 관심이 있었을 겁니다. 우리의 사명도 마찬가지입니다. 부르신 자리가 어떤 곳이든 상관없이 보호하고 돌보며, 섬기는 자리에 머물러야 합니다.

한 믿음 여행자의
노란 화살표

01 '사명자' 하면 가장 먼저 떠오르는 이미지는 무엇인가요?

02 성경은 우리가 선한 일을 위해 지음을 받았다고 말씀하십니다. 우리가 지금까지 누군가를 보호하거나 돌보기 위해서 한 일은 무엇이 있나요?

> 우리는 하나님의 작품입니다. 선한 일을 하게 하시려고,
> 하나님께서 그리스도 예수 안에서 우리를 만드셨습니다.
> — 에베소서 2:10a, 새번역

03 지금 내가 있는 자리에서 하나님의 사랑을 나눌 수 있는 일이 있다면 무엇일까요?

함께 걷기

5부

믿음 여행을
계속해서
걸어가기

몸

> 하나님께서 값을 치르고 여러분을 사셨습니다.
> 그러므로 여러분의 몸으로 하나님께 영광을
> 돌리십시오. ▶ 고린도전서 6:20

우리의 몸을 지으신 하나님

주님께서 내 장기를 창조하시고, 내 모태에서 나를
짜 맞추셨습니다. 내가 이렇게 빚어진 것이 오묘하고
주님께서 하신 일이 놀라워, 이 모든 일로 내가
주님께 감사를 드립니다. 내 영혼은 이 사실을 너무도

잘 압니다. 은밀한 곳에서 나를 지으셨고, 땅 속
깊은 곳 같은 저 모태에서 나를 조립하셨으니 내 뼈
하나하나도, 주님 앞에서는 숨길 수 없습니다. 나의
형질이 갖추어지기도 전부터, 주님께서는 나를 보고
계셨으며, 나에게 정하여진 날들이 아직 시작되기도
전에 이미 주님의 책에 다 기록되었습니다.

▶ 시편 139:13-16, 새번역

다윗이 지은 시입니다. 마치 해부하듯이 자신의 몸에 대
해 구석구석 자세하게 설명하는 것 같지 않나요? 몸의 오장육
부와 뼈 마디마디, 구성요소들까지 언급하고 있으니까요. 다
윗은 왜 이렇게 구체적으로 묘사하고 있는 걸까요? 자신의 몸
은 하나님이 지으신 것임을 고백하기 위해서입니다. 그것도
아주 세세한 곳까지 말이죠.

믿음 여행을 하는 이들이 놓치기 쉬운 것 중 하나가 바로
몸입니다. 믿음은 영혼이나 마음의 영역이지, 몸과는 관련이
없다고 여기는 것입니다. 믿음에 대해서 몸을 가볍게 여기고
무시하기도 합니다. 그러나 성경은 몸을 아주 중요하게 생각
합니다.

하나님의 몸 활용법

예수님은 이 땅에 사람의 '몸'으로 오셨다.

예수님의 '몸'이 부활했다(우리의 몸도 부활할 것이다).
우리의 '몸'은 하나님이 거하시는 성전이다.

하나님은 몸을 하찮게 여기신 것이 아니라 중요하게 여기셨습니다. 이 말은 편식이나 과식을 하면 안 된다거나 다이어트를 해야 한다는 뜻이 아닙니다. 몸짱으로 거듭나야 한다는 것도 아니죠. 나의 몸은 (물론 다른 사람의 몸도) 하나님의 것임을 인정하는 것입니다. 더 나아가서는 이 세상과 달라야 한다는 뜻이 담겨 있습니다.

세상의 몸 활용법

우리의 몸에 우리의 가치가 달려 있다.
   #외모지상주의 #섹시함 #인플루언서
한 번뿐인 인생, 네 마음대로 살아라.
   #욜로 #You Only Live Once #쾌락
몸은 네 것이니, (상대에게 피해만 주지 않는다면) 자유롭게 써라.
   #성적 자기결정권 #상호합의

세상의 흐름도 몸을 아주 중요하게 여기는 것으로 흘러갑니다. 하지만 성경이 말하는 것과는 다릅니다. 우리의 몸을 하나님의 것으로 인정하기보다 개인의 것으로 여기는 것입니다. 어떤 일을 할 때 최종적인 결정권은 자기 자신에게 있습니다.

점점 '자신의 느낌'에 따라 하거나 하지 말아야 할 것을 결정
합니다.

우리의 몸에 관한 질문들

십대들과 청년들이 몸에 관해 주로 하는 질문들 중에는 '성'(性)
과 연관된 주제들이 많습니다.

> 야동을 보는 것은 (남에게 피해를 끼치지 않는다면) 괜찮지
>   않나요?
> 결혼 전에 (서로 합의하에) 성관계를 해도 되지 않나요?
> 동성애는 (개인의 자유에 따라) 가능하지 않나요?

이 문제들의 핵심은 '된다' '안 된다'보다는, '우리의 몸이
누구의 것이냐'에 있습니다. 하나님을 우리의 주인으로 인정
하느냐의 문제인 것이죠. 그 답은 성경에 있습니다.

> 하나님께서 값을 치르고 여러분을 사셨습니다.
> 그러므로 여러분의 몸으로 하나님께 영광을
> 돌리십시오. ▶ 고린도전서 6:20

야동, 혼전 성관계, 동성애를 즐겨도 괜찮을까요? 그렇지
않습니다. 왜냐하면 이것이 하나님께 영광이 되지 않기 때문

입니다. 우리 몸의 주인이신 하나님을 기쁘시게 해드릴 수 없습니다. 하나님은 성(性)을 '남자'와 '여자'가 '혼인관계' 내에서 사용하도록 지정해 두셨기 때문입니다. 누군가는 이 글을 보고 시대에 뒤떨어졌다거나 편협하다고 느낄지도 모르겠네요. 다시 말하지만 핵심은 '나(혹은 다른 사람)의 몸을 하나님의 것으로 인정하느냐? 그렇지 않으냐'의 문제입니다.

이 시대의 요셉은 어디 있습니까?

성경 인물 한 사람을 소개하고 싶습니다. 보디발이라는 정치인의 집에서 노예로 살고 있는 요셉입니다(후에는 이집트의 총리가 되는 인물이죠). 요셉이 살던 당시에는 오늘날보다 더 성적으로 개방되고 문란했을 겁니다. 음란한 이야기, 혼전 성관계, 동성애는 흔한 일상이었으니까요.

요셉은 얼굴천재였습니다. ▶ 창세기 39:6 보디발의 아내가 요셉을 마음에 담았습니다. 요셉을 향해 끝없이 유혹했습니다. 만약 요셉이 눈 한번 질끈 감고 유혹에 넘어 갔더라면 아마도 그 집에서 인플루언서가 되었을 겁니다. 주인마님의 남자가 된 것이니까요. 그러나 요셉은 넘어가지 않았죠. 그 이유는 단 하나였습니다. 자신 몸의 주인은 하나님이셨기 때문입니다.

> 제가 어떻게 그렇게 악한 짓을 저질러 하나님께 죄를 짓겠습니까? ▶ 창세기 39:9b

5부 믿음 여행을 계속해서 걸어가기

보디발의 아내와 불륜을 저지르면 누구에게 죄를 짓는 것이죠? 상식적으로는 보디발입니다. 절친의 여자친구를 빼앗으면, 그 절친에게 씻을 수 없는 상처를 남기는 죄를 짓는 겁니다. 요셉이 보디발 아내의 유혹을 딱 잘라 거절하는 이유는 '하나님께 죄를 지을 수 없다'는 것이었습니다. 자신의 진짜 주인은 보디발이나 보디발 부인이 아닌 하나님이셨던 겁니다.

오늘 이 시대를 살아가고 있는 사람들 중에 요셉 같은 사람은 어디 없을까요? 분명한 것은 하나님은 십자가에서 우리를 값을 치르고 사셨습니다. 우리는 하나님의 인플루언서입니다.

기독교가 동성애자들과 싸우는 것처럼 느껴질 수도 있겠네요. 매년 열리는 퀴어축제 현장에서는 많은 기독교 단체들이 반대 집회를 하니까요. 정확하게 말하면 기독교는 '동성애자'와 싸우기보다 '동성애'와 싸우고 있는 중입니다. 사람을 증오하기보다 동성애 자체를 반대하는 것이죠. 왜냐하면 성경에서는 동성애를 죄라고 분명히 말하기 때문입니다.

　　죄는 파괴력이 있습니다. 사회를 어지럽히고, 가정을 무너지게 합니다. 그래서 늘 경계해야 합니다. 동성애를 죄라고 말하지 못한다면, 그 혼란은 고스란히 다음세대(우리의 후배들)가 떠안게 될 것입니다. 교회는 동성애가 죄라고 얼마든지 말할 수 있어야 합니다.

이 문제도 동성애를 찬성하는 이유가 될 수 없습니다. 우리는 모두 죄성을 가지고 태어납니다. 예를 들어 욕망을 가지고 태어납니다. 그렇다고 해서 나의 욕망을 마음대로 써도 된다는 권리가 될 수 없습니다. 그 욕망을 적절히 통제해야 합니다. 동성애도 마찬가지입니다. 태생부터 동성애적인 성향을 지니고 있다고 해서 동성애적인 행위가 정당화되지 않습니다. 성경은 로마시대에나 지금에나 동일하게 동성애를 '죄'라고 말합니다. 이 메시지는 그때나 지금이나 대중적인 인기를 끌지 못했습니다. 우리 그리스도인들은 이 세상이 아니라 오직 하나님 말씀을 따르는 사람들임을 잊지 말아야 합니다.

한 믿음 여행자의
노란 화살표

01 몸이 아파서 중요한 일을 하지 못한 적이 있나요? 어떤 일이었나요?

02 성경은 우리의 몸은 하나님의 것이라고 말씀합니다. 우리의 몸이 자신의 것이 아니라 하나님의 것이면 나의 어떤 습관이 고쳐져야 할까요?

> 여러분의 몸은 성령의 전입니다. 여러분은 하나님께로부터 성령을 받아 여러분 안에 모시고 있습니다. 여러분은 자신의 몸이 자기 것이 아니라는 사실을 알지 못합니까? — 고린도전서 6:19

03 만약 지금 우리가 육체적 유혹을 당하는 현장에 있다면, 요셉의 결단과 행동이 우리에게 무엇을 가르쳐 줄까요?

함께 걷기

돈

너희가 하나님과 재물을 동시에 섬길 수 없다.

▶ 누가복음 16:13b

지갑 또는 계좌에 계신 '돈님' 이시여.

이름이 거룩히 여김을 받으시오며 돈이 판치는 세상이
    임하였사오니

현금이 조폐공사에서 이루어진 것같이 용돈에서도
    이루어지이다.

오늘날 나에게 쓰고도 남는 현금을 주옵소서.

우리가 우리에게 돈 빌린 친구를 잊지 아니함같이 내가 진 빚은

잊게 하옵시고

우리를 쪼들리게 마옵시고 다만 체크카드 잔액부족에서

구하옵소서.

대개 자본주의의 나라와 권세와 영광이 '돈님'께만 영원히

있사옵니다. 돈멘!

주기도문을 패러디한 돈기도문입니다. 돈을 단순한 화폐 정도가 아니라 신으로 여기는 세상을 꼬집는 글입니다. 현실을 보면 과장은 아닌 것 같아요. 주위를 둘러보면 돈 때문에 누군가의 마음을 아프게 하거나 심지어 생명을 해치는 일들도 많죠. 이런 소식들을 접할 때마다 사람보다 돈을 더 중요시한다는 생각을 지울 수가 없습니다.

세상에서는 사람들이 원하는 성공과 행복을 돈으로 살 수 있다고 속삭입니다. 이것을 증명이라도 하듯이, SNS에서는 유명 연예인들이나 인플루언서들이 슈퍼카와 명품들로 치장해서 도배합니다. 수많은 사람들이 부러움을 담아 찬양에 가까운 댓글들을 남깁니다. 자본주의사회에서 사람들은 돈이면 무엇이든 할 수 있다고 여깁니다. 돈을 신으로 의지하는 것이죠.

이런 모습은 꼭 어른들에게만 해당되지 않습니다. 다음세대에게도 해당되죠. 초등학생들 중에는 친구들끼리 어떤 아파트에 사는지에 따라, 얼마나 넓은 곳에 사는지에 따라 편을 가

르고 따돌리는 이들이 있다고 하죠(오래전부터 있었던 일입니다).
십대들 중에는 인터넷 불법도박에 빠지는 이들이 늘어난다고
합니다. 도박자금을 마련하기 위해서 수단과 방법을 가리지
않는다고 하죠. 또한 돈을 벌기 위해 범죄에 가담하는 청년들
이 늘어나고 있습니다. 이들 중에는 손쓸 수 없을 만큼 삶이 망
가지는 사람도 있습니다. 물론 어른들의 잘못이 큽니다. 어른
들에게 영향을 받은 것도 있을 테니까요.

돈의 중독성

돈에는 특성이 있습니다. 중독성입니다. 돈을 가지면 더 가지
고 싶고, 더 가지면 더 많이 가지고 싶게 만듭니다. 사람들에게
"돈을 얼마나 가지고 싶나요?"라는 질문은 큰 의미가 없습니
다. 대부분은 돈기도문의 내용처럼 "평생 펑펑 쓰고도 남을 정
도로 주옵소서"라고 답할 테니까요. 성경에서도 다음과 같이
말씀합니다.

> 돈을 사랑하는 사람마다 돈으로 만족하는 법이 없고
> 부를 사랑하는 사람마다 재산이 아무리 불어나도
> 만족하는 법이 없다. ▶ 전도서 5:10

톨스토이가 쓴 단편소설 《사람에게는 땅이 얼마나 필요
한가》에는 한 농부가 등장합니다. 이 사람은 자신의 땅을 갖기

원했습니다. 땅이 있으면 세상에 겁날 것이 없다고 생각했죠. 성실히 노력한 끝에 소중한 땅을 얻게 되었습니다. 하지만 만족이 되지 않았습니다. 땅을 가지고 또 가져도 그때뿐이었습니다. 더 많은 땅을 가지고 싶어졌기 때문입니다.

어느 날 절호의 기회가 찾아왔습니다. 가성비 좋은 땅들을 많이 살 수 있는 행운이 찾아온 것이죠. 거래 방법이 제법 흥미롭습니다. 이 농부가 하루 동안 걸어서 다닌 땅을 만 원 정도에 살 수 있게 한 것이죠. 마치 마트에서 하루 동안 카트에 담은 모든 상품을 만 원에 주겠다는 제안과 비슷하지 않았을까요. 하지만 하나의 조건이 있었습니다. '해가 지기 전에는 출발점으로 다시 돌아와야 한다'는 것이었습니다. 그렇지 않으면 땅을 얻을 수 없는 것이죠.

농부는 걷고 또 걸었지만 멈출 수가 없었습니다. 갈수록 땅들이 좋아 보였기 때문입니다. 어느 순간 출발지에서 너무 멀리 왔다는 것을 깨달았습니다. 다행히 해가 지기 전에 돌아왔지만 몸을 혹사시킨 탓에 그 자리에서 피를 토하고 죽고 맙니다. 결국 그가 차지할 수 있었던 땅은 죽어서 묻힌 땅 2미터가 전부였습니다.

예수님께 배우는 돈관리

성경에서 예수님은 돈에 대해서 많이 말씀하셨습니다. 천국과 지옥에 관한 이야기보다 돈에 관한 말씀을 더 많이 하셨을 정도니까요. 왜 그러셨을까요? 우리에게 돈의 문제는 신앙과 깊은 관계가 있는 일이었기 때문이죠. 예수님께서는 돈에 대해서 어떻게 말씀하셨을까요.

① 돈이 아니라 하나님을 주인으로 섬기기

예수님은 "하나님과 재물(맘몬)을 동시에 섬길 수 없다"
▸ 누가복음 16:13b 고 말씀하셨습니다. 맘몬은 신의 이름이기도 합니다. 그러니까 돈은 당시에도 화폐이자 신이기도 했던 것입니다. 우리가 지닌 돈의 주인은 우리의 것이 아닙니다. 하나님이 잠시 맡겨 두신 것임을 알아야 합니다. 사람들 중에는 무리하게, 필요 이상으로 과소비하거나 큰 빚을 져서 돈의 노예로 사는 이들이 있습니다. 가능한 주어진 여건과 상황 안에서 적절하게 돈을 다뤄야 합니다. 이것이 돈의 노예가 아니라 돈을 믿음으로 다스리는 출발점입니다.

하나님께 드리는 헌금은 어떨까요? 아래 세 가지를 기억해 주세요.

우리의 것을 기부하는 것이 아닙니다.
하나님께 복을 받기 위해 드리는 것이 아닙니다.
교회를 다니기 위한 회비가 아닙니다.

헌금은 '하나님이 우리에게 주신 것' 중에 일부를 떼어 감사함으로 드리는 것입니다. 십일조는 어떨까요. "돈의 주인은 내가 아니라 하나님의 것입니다"라는 고백과 함께 십분의 일을 드리는 것이죠.

② 돈을 하나님의 기쁨을 위해 사용하기

예수님은 "재물을 하늘에 쌓아 두라" ▶누가복음 12:33 고 말씀하셨습니다. 이는 헌금을 많이 하라는 말씀이 아닙니다. 단순히 이 세상에서 잘 먹고 잘살기 위해 돈을 벌고, 쓰는 것이 아니라 하나님을 기쁘시게 해드리기 위한 목적으로 돈을 벌고 사용하는 것입니다. 그런 의미에서 우리는 오로지 '돈을 더 많이 벌기 위해 사는 삶'을 피해야 합니다. 돈에는 중독성이 있기 때문이죠. 일확천금을 노리거나 도박에 빠질 위험이 있습니다. 하나님은 우리에게 많은 액수의 돈을 원하시지 않습니다. 그 돈을 벌고 사용하는 마음의 중심을 원하십니다.

③ 돈으로 누군가를 섬기기

예수님은 "지극히 작은 자 하나에게 한 것이 곧 내게 한 것이다" ▶마태복음 25:40, 개역개정라고 말씀하셨습니다. 우리가 현재 가지고 있는 것이 많든 적든 상관없이 주위에 필요한 사람들을 위해 나눠야 합니다. 돈을 오직 나와 나의 가족을 위해서만 쓰는 것은 예수님의 가르침이 아닙니다.

가난하고 어려운 이웃, 도움이 필요한 사람들을 위해 나눠야 합니다. 액수가 중요한 것이 아닙니다. 긍휼의 마음을 가지고 최선을 다해 마음과 물질을 나누는 자세가 중요합니다.

"부자는 천국에 들어가기가 어렵다"(마태복음 19:23, 개역개정)는 말씀은 예수님이 하신 말씀입니다. 부자가 천국에 들어가는 것이 낙타가 바늘귀로 들어가는 것보다 어렵다고 덧붙이기도 하셨죠. 그렇다면 그리스도인들은 부자가 되어서는 안 되는 걸까요?

예수님의 이 말씀은 파격적입니다. 왜냐하면 당시 사람들은 부자가 천국에 가장 가까운 사람이라고 생각했기 때문입니다. 예수님은 사람들의 오해를 바로잡아 주신 겁니다. 천국에 들어가는 것은 부자냐, 가난하냐에 달려 있는 것이 아니라 예수님을 주인으로 믿는 것에 달려 있음을 짚어 주신 내용입니다. 천국은 부자라고 들어가는 것도 아니고, 가난하다고 들어갈 수 있는 곳은 아닌 것이죠. 오직 예수님으로만 갈 수 있습니다.

"부자는 천국에 들어가기가 어렵다"라는 말씀 속에 배울 수 있는 또 다른 교훈이 있어요. 돈에는 중독성이 있다는 것이죠. 더 많이 가지고 싶고, 더 많이 가지면 더욱더 많이 가지고 싶은 욕망을 부추깁니다. 결국에는 돈의 지배를 받게 합니다. 예수님을 찾아온 부자 청년이 근심하고 돌아간 이유가 여기에 있는 것이죠. 예수님보다 돈을 더 사랑한 것입니다. 반대의 경우도 있어요. 부자였던 삭개오는 예수님의 말씀을 듣고, 자신의 재산 절반을 가난한 이들을 위해 나누었습니다. 누군가를 속여서 빼앗은 재산은 네 배로 갚았죠. 여기서 중요한 것은 '하나님'과 '돈' 둘 중 무엇을 따를 것인가입니다.

**한 믿음 여행자의
노란 화살표**

01 최근에 돈의 힘을 느낀 적은 언제인가요?

02 성경은 우리의 보물에 영향을 받는다고 말씀합니다. 지금 나의 마음에 가장 많은 영향을 주는 보물은 무엇인가요?

> 네 보물이 있는 곳에 네 마음도 있는 법이다.
> — 마태복음 6:21

03 [예수님께 배우는 돈 관리] 1. 돈의 주인은 하나님이심을 고백하기 2. 돈을 하나님의 기쁨을 위해 사용하기 3. 돈으로 누군가를 섬기기 중에서 나의 가장 약한 부분이 무엇인가요? 그 이유가 무엇인가요?

함께 걷기

19

미디어

_ 미디어라는 바벨론 세상에서 살아내기

> 여러분이 그리스도와 함께 살리심을 받았으니 위에
> 있는 것들을 추구하십시오. 거기에는 그리스도께서
> 하나님의 오른편에 앉아 계십니다. ▶ 골로새서 3:1

미디어는 메시지다

#알라딘 _ 사랑은 세상의 편견과 한계를 뛰어넘게 한다.

#오즈의 마법사 _ 이 세상 누구보다 자신을 믿는 것이 가장
강력한 마법이다.

#이상한 나라의 앨리스 _ 어린아이의 눈으로 보면 세상의

모든 것이 모험이다.

#겨울 왕국 _ 사람의 상처는 다른 이들의 사랑으로 치유된다.

#니모를 찾아서 _ 어떤 일을 간절히 원할 때 어떤 장애물도
극복할 수 있게 된다.

여러분은 다섯 개의 애니메이션 중에 본 것이 있나요? 다섯 개 모두를 본 사람도 있겠지만 한두 개만 본 사람도 있겠죠. 위의 글은 각각의 애니메이션 속에 담긴 메시지를 요약한 내용입니다. 네모난 화면에서 흘러나오는 영상은 단순히 재미를 주는 것에서 그치지 않습니다. 메시지가 담겨 있습니다. '착하게 살아라', '자신을 믿어라', '다른 이를 사랑하라' 등의 교훈이 담겨 있는 것이죠.

미디어에는 만드는 사람의 목적이 담겨 있습니다. 여러분이 어떤 영상을 만든다고 가정해 볼까요? 예를 들어 수련회 홍보 영상을 만든다면 어떨까요. '이번 수련회 간식이 정말 엉망이에요', '숙소에 벌레가 많아요' 같은 문구를 넣지 않겠죠. 가능한 많은 사람들이 수련회에 참가하도록 하는 메시지를 담으려 할 겁니다. '이번 수련회에 오시면 후회 없을 겁니다!'

어떤 물건을 팔기 위해 영상을 만든다면 어떨까요. 가능한 많은 사람들이 구매할 수 있도록 하는 메시지를 담겠죠. '이것'을 사면 더 행복해지고, 더 예뻐지고, 더 재밌을 거라는 느낌이 들도록 만들 겁니다.

미디어 속에서 살아가는 우리

지금의 세상은 미디어 세상입니다. 스마트폰, 인터넷, SNS, OTT, 영상, 광고, 게임 등 말 그대로 미디어의 홍수입니다. 어린 아기들도 미디어에 익숙하죠. 제 아들도 태어나고 일 년이 지나서 스스로 유튜브를 켜고 보기 시작했습니다. 처음에는 '천재나 영재인 건가?' 하고 깜짝 놀랐지만 주위에 보니 많은 아가들이 디지털 기기를 수월하게 잘 다루고 있었습니다.

우리는 어떤가요? 아침부터 저녁까지 미디어 속에서 살고 있죠. 아침에 깨면 스마트폰으로 시간을 보고 알림 창을 확인합니다. 습관적으로 SNS나 포털 사이트에 접속합니다. 학교를 오가는 동안 유튜브 영상이나 노래를 듣습니다. 잠자리에 들 때까지도 스마트폰은 우리 손에서 떠나지 않습니다. 가끔 누워서 폰을 보다가 얼굴 위에 떨어져서 타박상을 입는 일도 있죠. 앞서 말한 것처럼, 우리가 가까이하고 있는 미디어는 단순히 재미만을 주지 않습니다. 계속해서 메시지를 전하고 있습니다. 그 메시지의 정도는 사람들을 충분히 세뇌시키고도 남을 정도입니다. 오늘날 미디어가 우리에게 전하는 대표적인 메시지를 정리해 볼까요.

(사람들 사이에서) 뒤처지지 말고 잘 따라가라.
　#경쟁지상주의　#유행　#트렌드
이 정도(브랜드, 아이템)는 구매해야 괜찮은 사람이다.

#소비주의 #신상 #셀럽

인간을 속박하는 모든 것은 사라져야 한다.

#상대주의 #인본주의 #성적자유

그렇다면 성경이 우리에게 전하는 메시지는 무엇일까요.

(사람들 사이에서) 낮아져서 섬겨야 한다.

#겸손 #섬김 #십자가

상품(브랜드, 아이템)을 모두 구매해도 여전히 만족되지 않는다.

#공허함 #불만족 #일시적

하나님 말씀이 인간의 욕망보다 중요하다.

#절대주의 #신본주의 #성적절제

미디어 바벨론의 세상

여러분이 볼 때는 어떤가요? 세상의 미디어와 성경의 메시지가 너무 다르지 않나요? 물론 비슷한 점들도 있어요. '사랑' '배려' '책임' 등의 기본적인 가치는 공통적으로 지니고 있죠. 그러나 큰 틀로 보면 매우 달라요. 세상의 미디어는 "사람이 주인이다"라고 말하고 있다면, 성경은 "하나님이 주인이다"라고 외치기 때문입니다.

　오늘날 미디어 세상에서 살아가는 우리는 심각한 위기 속에 있습니다. 그리스도인으로서의 정체성을 고민할 틈도 없이 미디어 콘텐츠의 메시지에 둘러싸여 있습니다. 마치 성경 속 하나님의 백성들이 바벨론의 포로로 사로잡혀 있는 것처럼 말이죠. 우리는 이 세상에서 미디어를 등지고 살기도 어렵습니다. 반대로 푹 빠져 살아서도 안 됩니다.

바벨론의 다니엘과 세 친구들처럼

하나님의 백성들이 바벨론과의 전쟁에서 패했습니다. 많은 백성들이 바벨론에 포로로 끌려가게 되었죠. 이들은 하루아침에 낯선 나라에서 외국인으로 살아야 했습니다. 바벨론의 언어와 문화를 배워야 했죠. 슬프게도 바벨론의 우상을 섬기도록 강요받았습니다. 하나님의 백성들을 바벨론 사람들로 만들어 버리기 위한 전략이었습니다.

포로들 사이에 다니엘과 세 친구들이 있었습니다. 이들은 뜻을 정했습니다. 결코 바벨론 사람이 되지 않겠다고 말이죠. '우상을 따르라'는 메시지를 거부하고 하나님만을 따랐습니다. 때론 죽음의 위기 앞에서도 하나님이 건져 주실 줄 굳게 믿었습니다. '그리 아니하실지라도'(죽게 된다 하여도) 우상을 섬기지 않노라 선포했죠. 믿음으로 바벨론을 이긴 것입니다.

오늘날 우리도 다니엘과 세 친구들처럼 미디어 바벨론의 세상을 살아갑니다. 디지털 미디어에서 메시지를 들으며 살아갑니다. '뒤처지지 마라', '구매하고 또 구매하라', '네 욕망을 맘껏 펼쳐라', '그것이 너의 정체성이다!'라고 말이죠. 우리는 미디어의 메시지를 따르지 않고 오직 하나님만을 따르는 사람들입니다. '낮아져서 섬기겠습니다', '하나님만을 예배하겠습니다', '하나님 말씀만을 따르겠습니다', '이것이 우리의 정체성이니까요!' 라고 고백하는 사람들입니다. 우리는 이 땅을 살아가는 하나님 나라의 백성들입니다.

> 여러분이 그리스도와 함께 살리심을 받았으니 위에
> 있는 것들을 추구하십시오. 거기에는 그리스도께서
> 하나님의 오른편에 앉아 계십니다. ▶ 골로새서 3:1

예수님은 "상대를 보고 음욕을 품는 사람은 이미 마음으로 죄를 범했다"(마태복음 5:28)라고 말씀하셨습니다. 꼭 어떤 행동을 해서가 아니라 마음에 음욕을 품는 것만으로도 죄를 범했다고 말씀하시는 거죠. 음란물은 마음에 음욕을 품게 하고 오염시킵니다. 성경의 표현을 빌리자면, 하나님이 거하시는 성전에 음란물로 가득 채우는 것이죠.

그렇다면 우리는 어떻게 피할 수 있을까요? 김지연 작가님의 책 《너는 내 것이라》에 나오는 S.O.S를 소개합니다.

① **S**top
단호하게 멈추는 것이 필요합니다. 음란물 앞에서 볼까 말까 고민할 필요 없이 단호하게 노트북, 스마트폰, TV, 패드, 컴퓨터를 꺼야 합니다. 요셉이 보디발 아내의 유혹을 단호하게 거부했던 것처럼 말이죠.

② **O**ut
자리를 떠나는 것이 필요합니다. 음란물을 접하기 쉬운 장소에 머물러 있다면 넘어질 가능성이 높아집니다. 요셉처럼 유혹이 있는 장소를 떠나야 합니다.

③ **S**unshine
낮이라면 바깥으로, 밤이라면 밝은 곳이 필요합니다. 햇빛이 있는 곳으로 나가거나 영혼의 햇빛 같은 부모님이나 믿음의 사람들을 찾아야 합니다.

**한 믿음 여행자의
노란 화살표**

01 요즘 관심 있게 보고 있는 미디어 콘텐츠나 프로그램은 무엇인가요?

02 성경은 마음을 지키라고 말씀합니다. 우리 마음은 무엇을 보는가에 많은 영향을 받습니다. 마음을 지키기 위해 내가 피해야 할 '볼거리'는 무엇인가요?

> 무엇보다도 네 마음을 지켜라. 네 마음에서 생명의 샘이
> 흘러나오기 때문이다. — 잠언 4:23

03 미디어 중독(온라인 게임, 콘텐츠)에 빠져 있는 친구가 있다면, 우리는 (친구가 빠져나올 수 있도록) 뭐라고 말할 수 있을까요?

함께 걷기

하나님 나라

> 예수님께서는 "때가 되었다. 하나님 나라가
> 가까이 왔다. 회개하고, 복음을 믿어라!" 하고
> 말씀하셨습니다. ▶ 마가복음 1:15, 쉬운성경

푸스틱게임

혹시 푸스틱(Pooh's stick) 게임에 대해 들어 본 적이 있나요?

곰돌이 푸(Pooh)가 나오는 동화에서 소개된 게임입니다. 하루는 곰돌이 푸가 친구 이요르와 함께 강 근처에서 놀고 있었습니다. 푸는 나뭇가지를 다리 아래로 떨어뜨렸는데 물살에 흘러가는 모습을 보고 게임 하나를 생각해 내죠. 각자가 준비한 나뭇가지를 강물 위에 떨어뜨려서 가장 먼저 결승점에 도착하면 이기는 게임입니다. 그렇다면 동화에서 최종적으로 승리한 나뭇가지는 어떤 것이었을까요? 알아맞혀 보세요.

1. 가벼운 나뭇가지
2. 매끄러운 나뭇가지
3. 예쁜 모양의 나뭇가지
4. 날렵한 나뭇가지

정답이 무엇일까요? 아쉽게도 없습니다. 이 게임의 승리는 나뭇가지에 달려 있지 않기 때문입니다. 바로 물살에 달려 있습니다. 얼마나 빠른 물살을 선택하는가에 따라 승리가 결정됩니다. 아무리 나뭇가지가 가볍고 날렵해도 느린 물살을 선택한다면 이길 수 없습니다. 반면에 나뭇가지가 무겁고 날렵하지 않아도 빠른 물살을 선택한다면 승리하게 됩니다.

이 게임은 우리에게 한 가지 교훈을 전해 줍니다. '빨리 달리는 것'보다 '빠른 길'을 찾는 것이 더 중요하다는 사실을 말해 줍니다. 승리는 무작정 '최선'을 다하기보다 '최선의 길'을 선택하는 것에 있다는 것이죠.

우리의 믿음 여행에도 적용되는 교훈입니다. 진정한 믿음 여행은 '최선을 다해 사는 것'에 있기보다, '최선의 길을 선택하는 것'에 있습니다.

두나라이야기

우리 앞에는 두 개의 길이 있습니다. 이 세상 나라의 길과 하나님 나라의 길입니다. 이 세상 나라는 죄와 사망이 지배하는 나라라면, 하나님 나라는 하나님의 말씀과 사랑이 다스리는 나라입니다.

믿음 여행의 최종적인 승리는 어디에 달려 있을까요? 하나님 나라에 소속되는 데 있습니다. 왜냐하면 하나님 나라가 이 세상 나라를 이겼기 때문입니다. 그래서 예수님은 말씀하십니다.

> 때가 되었다. 하나님 나라가 가까이 왔다. 회개하고,
> 복음(하나님 나라의 승리)을 믿어라!
>
> ▶ 마가복음 1:15, 쉬운성경

하지만 이 세상을 살아가다 보면 이 사실이 와닿지 않을 때가 있습니다. 하나님 나라가 승리했다고 하지만 우리 주위에는 여전히 죄가 가득하고, 죽음이 있기 때문입니다. 과연 하나님 나라가 이 세상을 이겼고, 세상은 패배한 것이 맞는 걸까요?

이루어져 가는 하나님 나라

두 나라가 전쟁을 한다고 가정해 보죠. 치열한 전투 끝에 둘 중 하나는 승리하고, 또 다른 곳은 백기를 들고 항복하게 됩니다. 승리한 나라는 패배한 나라를 다스리기 시작하겠죠. 정부와 군대를 서서히 장악해 나가고, 문화, 사회, 경제는 이긴 나라의 손에 들어갑니다. 문제는 '그 사이'입니다. 전쟁에서 막 이긴 시점과 장악을 완료하는 시점 '그 사이'인 것이죠.

그 사이에는 혼돈이 가득합니다. 패배한 나라의 군인들이 깊은 산으로 들어가 게릴라전을 펼치기도 하고, 폭탄 테러를 가할 수도 있죠. '이미' 이겼지만 '아직' 완전히 장악하지 못한 상태는 혼란으로 가득합니다.

하나님 나라는 세상을 '이미' 이겼습니다. 그러나 '아직' 완전히 끝난 것이 아니죠. 승리의 완성은 예수님이 이 세상에 다시 오시는 날입니다. 그날에 온 세상은 완전히 회복될 것입니다.

우리는 '이미'와 '아직'이라는 그 사이를 살고 있습니다. 여전히 죄와 싸우며 살아가야 하는 것이죠. 그러나 하나님 나라가 승리했다는 사실은 결코 변함이 없습니다. 우리는 매순간 이미 승리한 하나님 나라를 선택해야 합니다. 죄에 빠져 하나님 나라를 등지고 살아가는 것이야말로 가장 어리석은 선택입니다. 마치 침몰하는 배 위에 올라타는 것과 같기 때문입니다.

어리석은 사람의 어리석은 열심

'어리석은 열심' 하면 생각나는 사람이 있어요. 제2차 세계대전에서 일본제국의 장교로 참전한 '오노다 히로'라는 사람입니다(이 사람의 이야기는 영화로도 만들어졌습니다). 이 사람은 필리핀에서 전투를 하고 있었습니다. 전쟁 중에 불리한 상황이 되자 깊은 산속으로 숨어 들어갔습니다. 그 사이에 일본제국은 미국에게 원자폭탄 공격을 받고 완전히 항복하게 됐죠. 일본제국이라는 나라는 완전히 패망한 것입니다.

미국 군대는 오노다 히로가 숨어 있는 산속에 전단지로 이 소식을 알렸습니다. 그러나 이 사람은 현실을 받아들이지 않았습니다. 심지어 가족들이 그를 찾아가서 나라의 패배 소식을 전하고 항복을 권해도 듣지 않았습니다. 도리어 자신만의 투쟁을 이어 나갔습니다. 무려 30년 동안 말이죠. 그는 그동안 망한 나라의 군복을 입고 총과 무기로 많은 필리핀 사람들의 생명을 빼앗거나 다치게 만들었습니다. 어리석은 사람의 어리석은 열심이었던 거죠.

지금 여기에서, 하나님 나라 백성

지금까지 우리는 믿음 여행에 대해서 알아봤습니다. 이 책 초반에 "매일 할 것도 많은데 꼭 믿음까지 가져야 하나?"라는 질문을 다뤘었죠. 지금은 어떤가요? 이 질문을 처음 접했을 때에 비하면 답변이 달라진 것이 있나요? 그런 사람도 있겠고, 그렇지 않은 사람도 있겠죠. 하지만 변하지 않는 사실은 우리는 하나님 나라의 백성이라는 것입니다. 두 가지를 꼭 기억했으면 좋겠습니다.

① 멈추지 말고, 계속해서 믿음의 질문을 던지기

사람들은 매일 무언가에 대해 질문합니다. 오늘 '무엇을 먹을까?', '무엇을 마실까?', '무엇을 입을까?' 하고 생각하죠. 질문은 그에 걸맞는 답을 가져다주죠. 치킨, 햄버거, 콜라, 사이다, 교복, 체육복, 캐주얼 등등의 답이 되겠죠.

하나님 나라의 백성은 믿음에 대해서 질문합니다. 오늘 '하나님을 어떻게 기쁘게 해드릴 수 있을까?', '믿음으로 살기 위해서 어떻게 해야 할까?', '하나님의 다스림을 받기 위해서 무엇이 필요할까?' 이것 역시 그에 걸맞는 답을 가져다주겠죠. 우리는 어떤 상황에서도 멈추지 않고 계속해서 믿음의 질문을 던져야 합니다. 믿음의 질문이 멈춰서는 안 됩니다.

② 어떤 상황에서도 감사하는 마음 잃지 않기

여러분 한번 상상해 보세요. 만약 하나님 나라가 없다면 어떨까요? 우리는 여전히 죄의 노예로 살거나 죽음이 주는 불안과 두려움을 해결할 수 없을 겁니다. 아무리 열심히 살아도 결국 허무한 인생입니다. 그 결국은 영원한 죽음일 테니까요.

하나님 나라 백성은 죄가 아닌 하나님의 다스림을 받으며 살아갈 수 있습니다. 죽음이 우리에게 다가와도 담대하게 맞설 수 있습니다. 이미 승리한 하나님 나라가 있기 때문입니다. 이 세상에는 여전히 슬프고 고통스러운 일들이 많지만 하나님 나라가 있기에 오늘을, 영원을 살아갈 수 있습니다.

우리 아버지께 감사의 고백을 올려 드립니다.
하나님께서는 빛 가운데 살아가는 자녀들을 위해
모든 것을 예비해 두셨습니다. 어둠의 세력에서
우리를 구원하셨으며, 그분이 사랑하는 아들의
왕국으로 우리를 옮겨 주셨습니다.

▸ 골로새서 1:12-13, 쉬운성경

그리스도인은 한 번도 넘어지지 않는 사람이 아닙니다. 넘어져도 다시 일어나 시작할 수 있는 사람이죠. 예수님의 제자들을 보면 알 수 있어요. 제자들은 실수투성이였습니다. 서로 더 높은 지위를 갖기 위해 다투기도 하고, 어려운 상황에서 두려움에 떨기도 하죠. 심지어 수제자인 베드로는 예수님을 알지 못한다고 부인까지 했습니다.

부활하신 예수님이 베드로를 찾아와 하셨던 질문에 주목할 필요가 있습니다.

예수님이 베드로에게: "네가 나를 더 사랑하느냐?"

믿음이 약해서 넘어졌던 베드로가 점검해야 했던 것은 '사랑하는 대상'이었습니다. 베드로는 이 질문에 믿음으로 고백하죠.

베드로가 예수님에게: "그렇습니다."

우리는 믿음이 약해서 넘어질 수 있습니다. 그래서 회개가 필요합니다. 회개는 감정적으로 후회하는 것이 아닙니다. 죄의 길에서 돌아서는 것이죠. 예수님의 표현을 빌리면, 우리가 사랑하는 대상을 점검해야 합니다. 하나님 나라를 사랑하는지, 세상을 사랑하는지, 하나님께 순종하는 것을 사랑하는지, 나의 욕망을 더 사랑하는지를 점검해야 한다는 것이죠. 우리는 포기하지 않고 회개해야 합니다. 오직 하나님만을 사랑하기로 결단하는 겁니다. 나의 욕망, 나의 주인 됨에서 돌이켜서 하나님 사랑으로 나아가야 합니다.

**한 믿음 여행자의
노란 화살표**

01 '하나님 나라' 하면 떠오르는 이미지는 무엇인가요?

02 성경은 우리를 하나님 나라로 옮기셨다고 말씀합니다. 하나님 나라의 백성으로 삼아 주신 겁니다. 이 사실을 생각할 때, 우리가 감사해야 할 이유는 무엇일까요?

> 아버지께서는 우리를 어둠의 권세에서 구해 내셔서
> 그분이 사랑하는 아들의 나라로 옮기셨습니다.
> — 골로새서 1:13

03 "매일 할 것도 많은데 꼭 믿음을 가져야 하나요?"라는 질문을 듣는다면, 어떻게 대답하시겠어요? (대답의 이유도 구체적으로 써보세요.)

함께 걷기

참고 도서

· 낸시 피어시 지음, 홍병룡 옮김, 《완전한 진리》(복있는사람, 2006)
· 본 로버츠 지음, 박지연 옮김, 《세상과 나를 향한 하나님의
  디자인》(IVP, 2010)
· 로드니 스타크 지음, 손현선 옮김, 《기독교의 발흥》(좋은씨앗,
  2016)
· 알버트 월터스·마이클 고힌 지음, 양성만·홍병룡 옮김, 《창조 타락
  구속》(IVP, 2007)
· 유해석 지음, 《기독교와 이슬람 무엇이 다른가?》(생명의말씀사,
  2016)
· 크리스 파커 지음, 홍병룡 옮김, 《처음 만나는 기독교 세계관》(템북,
  2022)
· 탁지일 지음, 《이단이 알고 싶다》(넥서스CROSS, 2020)
· 박명룡 지음, 《하나님에 관한 질문》(누가, 2019)
· 노휘성 지음, 《나는 이렇게 창조와 진화에 대한 답을
  찾았다》(두란노, 2022)
· 성영은 지음, 《내 신앙에 과학이 대답할 줄이야》(홍성사, 2022)
· 폴 트립 지음, 최요한 옮김, 《돈과 영성》(두란노, 2019)
· 게리 토마스 지음, 윤종석 옮김, 《내 몸 사용안내서》(CUP, 2013)

〈믿음 첫 단추〉
쿠키 인터뷰

이 책을 덮기 전에 (영상은 아니지만) 쿠키 인터뷰를 준비해 봤습니다. 3부작으로 완성될 〈믿음 첫 단추〉 시리즈에 대한 뒷이야기와 예고편이 될 수 있을 것 같습니다.

〈믿음 첫 단추〉 시리즈를 기획하게 된 이유가 있나요?

믿음이 없는 사람과 어떤 차이가 있는데요?

대학생인 제자로부터 받았던 질문입니다. 청년이 되어 보니 신앙생활을 안 하는 사람이 상대적으로 더 경쟁력 있어 보인다고 했습니다. '시간이 곧 경쟁력'인 시대를 살아가는 현대인의 관점에서는 성경을 읽거나 기도를 하는 데 시간을 들이기보다는 자기계발에 투자하는 쪽이 상식적으로 더 좋게 느껴졌을 겁니다.

그 질문에 대해 책으로 답하기로 했습니다. 믿음에 대해 쉽고 분명하게, 동시에 체계적으로 설명하고 싶었기 때문입니다. 그래서 이 〈믿음 첫 단추〉의 책들이 나올 수 있었습니다.

〈믿음 첫 단추〉라는 이름을 붙인 이유가 있나요?

처음에는 〈믿음의 현관〉 시리즈로 이름을 붙이고 싶었습니다. C. S. 루이스는 《순전한 기독교》에서 자신의 책이 마루 현관과 비슷하다고 표현했습니다. 각 방으로 들어가기 전에 마루 현관을 거쳐야 하듯이, 자신의 책이 더 깊은 믿음으로 들어가게 하는 데 도움을 주는 디딤돌이 되기를 바랐던 것이겠죠. 저도 같은 마음으로 믿음에 관한 책을 쓰고 싶었습니다.

고민 끝에 우리에게 조금 더 익숙한 '첫 단추를 잘 끼워야 한다'는 말의 의미를 살려서 '믿음 첫 단추' 시리즈로 이름을 붙이게 되었습니다.

집필하면서 가장 신경 쓴 부분은 무엇인가요?

독자 분들의 필요에 초점을 맞추려고 애썼던 것 같아요. 글을 쓰다 보면 제가 하고 싶은 말에 무게를 둘 때가 있어요. 그러면 읽는 분들이 공감하기 힘들거나 어렵게 느껴질 수 있기 때문에 항상 제 앞에 독자가 있다고 가정하고 글을 썼던 것 같아요. '이분은 어떤 고민을 안고 살아갈까?', '진리를 쉽게 이해하고, 마음에 와닿도록 하기 위해 어떤 예시를 쓰면 좋을까?', '독자에게 지금 가장 필요한 것은 뭘까?' 등의 고민을 끊임없이 했어요. 그래서 이 책을 읽는 분들 중에는 이해가 쉽고 공감 간다는 분들도 있지만, 자신에게 꼭 필요한 내용을 짚어 주는 것 같다는 분들도 있습니다.

그렇게 할 수 있었던 방법이 있다면요?

두 가지인 것 같아요. 먼저는 가능한 많은 사람들을 만나서 대화를 나눴습니다. 믿음에 대해서 이야기를 나누면서 어떤 부분들이 필요한지, 또 설명하면 좋을지를 알게 되었습니다. 다음은 가능한 많은 질문들을 모으려고 했습니다. 청소년들과 청년, 그리고 어른들에게도 각자 믿음에 대한 질문들이 있음을 알게 되었습니다. 신앙에 대해 풀리지 않는 문제나 궁금했던 점이 있는 것이죠. 최대한 많은 분들의 속마음을 경청하려고 했습니다. 덕분에 그 질문들을 이 책에서 활용할 수 있었습니다.

마지막으로 〈믿음 첫 단추〉 시리즈를 읽는 독자 분들에게 인사해 주세요.

믿음 생활은 여행인 것 같습니다. 시작이 있고 끝이 있는 과정인 셈이죠. 하나님 안에서 믿음의 길을 걸어가는 데 이 책이 조금이라도 도움이 되었으면 좋겠습니다. 믿음 여행의 동반자가 되어 주셔서 감사합니다.

믿음 첫 단추 ①

기독교 세계관이 필요해
A Christian Worldview: Basics of the Faith

지은이 정석원
펴낸곳 주식회사 홍성사
펴낸이 정애주
국효숙 김의연 박혜란 송민규 오민택 임영주 차길환

2023. 9. 15. 초판 1쇄 발행 2025. 2. 10. 5쇄 발행

등록번호 제1-499호 1977. 8. 1.
주소 (04084) 서울시 마포구 양화진4길 3
전화 02) 333-5161 팩스 02) 333-5165
홈페이지 hongsungsa.com 이메일 hsbooks@hongsungsa.com
페이스북 facebook.com/hongsungsa
양화진책방 02) 333-5161

ISBN 978-89-365-1566-9 (04230)
ISBN 978-89-365-0563-9 (세트)